UNIVERSITÉ D'AIX-MARSEILLE — FACULTÉ DE DROIT D'AIX

LE DROIT D'ESPLÈCHE

DANS LA CRAU D'ARLES

THÈSE POUR LE DOCTORAT

PAR

PAUL FASSIN

Avocat à la Cour d'appel

AIX

TYPOGRAPHIE ET LITHOGRAPHIE H. ELY, B. NIEL, SUCC.

5, rue Emeric-David, 5

1898

UNIVERSITÉ D'AIX-MARSEILLE — FACULTÉ DE DROIT D'AIX

LE DROIT D'ESPLÈCHE

DANS LA CRAU D'ARLES

THÈSE POUR LE DOCTORAT

PAR

PAUL FASSIN

Avocat à la Cour d'appel

AIX

TYPOGRAPHIE ET LITHOGRAPHIE H. ELY, B. NIEL, SUCCr

5, rue Emeric-David, 5

—

1898

A MON PÈRE

LE DROIT D'ESPLÈCHE

DANS LA CRAU D'ARLES

AVANT-PROPOS

Il existe dans la commune d'Arles, pays essentiellement agricole et pastoral, un droit d'une nature particulière, ou plutôt une servitude qui grève lourdement une partie du territoire rural, et qu'on appelle l'*esplèche*.

Ce droit, dont l'origine se perd dans l'obscurité des temps anciens, a donné lieu, de tout temps, à de nombreuses contestations ; il a été maintenu avec un soin jaloux, et la commune intervient dans tous les procès où l'existence de l'*esplèche* est mise en cause. Elle considère avec raison que cette servitude, si lourde qu'elle soit pour certains domaines ruraux, est nécessaire à la prospérité de l'industrie pastorale, une des principales richesses de la région.

Il est assez singulier qu'un droit de cette importance,

intéressant profondément une population nombreuse et riche, et dont l'exercice ou le maintien, objets de nombreux procès, ont soulevé parfois de si délicates difficultés juridiques, n'ait été la matière d'aucune tentative de codification.

Aucun livre n'existe sur le droit d'*esplèche* : aucun de nos jurisconsultes n'a daigné s'en occuper. Un procès récent a fourni l'occasion de regretter cette lacune de la bibliographie juridique. Il y avait utilité de la combler ; j'ai cru faire acte de bon citoyen en tentant cette entreprise.

On a dit que la témérité est quelquefois un devoir ; on me permettra d'abriter mon inexpérience sous cette maxime. On sera indulgent pour une œuvre de jeunesse, inspirée par l'amour du sol natal et par le désir d'être utile à mes concitoyens.

P<small>AUL</small> FASSIN.

PREMIÈRE PARTIE
Historique et Notions générales

CHAPITRE Ier

Notions préliminaires

L'ESPLÈCHE. - - DÉFINITION. — ÉTYMOLOGIE. — ACCEPTIONS
DIVERSES DE CE MOT.

L'on nomme *esplèche* ou *droit* d'*esplèche* la faculté
qu'ont les habitants d'Arles de *bûcherer* et *lignerer*
(c'est-à-dire faire du bois de chauffage) et de mener
paître leurs bestiaux dans la *Crau d'Arles*, à partir de
la mi-Carême jusqu'à la Saint-Michel.

La forme primitive de ce mot paraît avoir été l'*explèche;* on le fait dériver du bas-latin *expletum* ou *explec-
tum*, qui signifie *revenu, avantage, profit*. L'*esplèche*
porte, en effet, sur les seuls produits utiles de la Crau
inculte : la pâture naturelle et le bois.

Il est à remarquer, d'ailleurs, que le mot a eu, suivant
les époques, des formes et des acceptions variées :

Une charte de l'an 1206 établit en faveur des habitants
d'Aix un *jus esplenchandi et bosqueirandi* à cinq lieues
à la ronde. *Pitton*, dans son histoire d'Aix, en donne
l'explication suivante : « Le terme *esplenchare*, qui m'a
fait autrefois peine, pourrait aussi surpasser la connaissance de plusieurs. Les habitants d'Arles, qui tous les

jours ont besoin de faire paître leurs bestiaux, comme étant les plus riches ménagers de la Provence, s'en servent pour expliquer le droit de faire paître le bétail dans les chaumes, après qu'on a coupé le blé. »

Un titre de 1497, déposé aux archives communales de Saillans, accordait aux habitants la faculté de « *pasturgare, leignerare, fusteiare et omnes esplenchas facere.* » On cite un acte de 1721, relatif à la commune de Lentillac, et qui contient les mêmes expressions.

Ducange traduit le mot *esplecha* par « vaine pâture ». Son continuateur *Dom Carpentier* le définit ainsi : « terre et pré dépouillés ». *Raynouard*, dans son *Lexique Roman*, est plus explicite : « *Esplecha* signifie : produit, profit, revenu » et aussi « droit d'usage ». La même expression s'appliquait également, selon lui : 1° au droit du seigneur qui levait l'*esplèche* sur le produit des terres des habitants, et 2° aux droits d'usage, de pâturage et de défrichement qu'avaient les habitants sur les terres seigneuriales.

Dans le pays d'Arles, le sens précis du mot *esplèche* est nettement défini ; il ne paraît avoir subi aucune variation.

CHAPITRE II

L'ASSIETTE ET L'ÉTENDUE DE L'ESPLÈCHE. — SON ÉCONO-
MIE, SA RAISON D'ÊTRE. — L'INDUSTRIE PASTORALE AU
PAYS D'ARLES. — LA TRANSHUMANCE ET LES CARRAIRES.

L'esplèche proprement dite, telle que nous venons de

la définir; ne s'exerce que dans la Crau d'Arles; mais des droits de pâturage analogues, sinon identiques, ont existé depuis des temps immémoriaux — et existent encore — sur les territoires de Miramas, Fos, Istres, Port-de-Bouc, Grans et Salon, compris dans le périmètre de l'ancienne Crau.

La partie du *campus lapideus* ou *cravus* des anciens géographes désignée sous le nom de Crau d'Arles embrasse une superficie de plus de 33 mille hectares. Elle s'étend, au nord, jusqu'aux limites territoriales de Maussane et de Mouriès ; à l'est, jusqu'aux confins des communes d'Istres et de Salon ; au sud, jusqu'à Fos ; au soleil couchant, jusqu'aux canaux de dessèchement qui forment la limite du Plan-du-Bourg.

Dans sa partie non défrichée, ce n'est qu'un vaste désert pierreux (*campus lapideus*) couvert de cailloux roulés, entre lesquels pousse une herbe courte et dure, mais très savoureuse et éminemment propre à la nourriture des bêtes à laine. La Crau d'Arles fut, de tout temps, le pâturage par excellence des innombrables troupeaux qui constituaient autrefois la principale richesse du pays. Sa conformation géologique, son altitude à l'abri des intumescences du Rhône et des étangs voisins, lui assuraient un avantage de plus : à une époque où le Rhône n'était point encore endigué et où les inondations étaient si fréquentes et pour ainsi dire périodiques, les troupeaux de la Camargue et du Plan-du-Bourg, chassés par les eaux, trouvaient toujours sur le plateau de la Crau un refuge assuré en même temps qu'une pâture excellente.

On estime aujourd'hui que le territoire d'Arles nourrit 300 mille têtes de bétail ; ce chiffre peut paraître énorme, exagéré même : je dois le tenir pour vrai, l'ayant relevé dans un document en quelque sorte officiel ; il eût été certainement au-dessous de la vérité, à certaines époques de notre histoire. Dans ces longs siècles d'invasions, de guerres, de brigandages, d'insécurité, qui remplissent la majeure partie de notre histoire locale, alors que le cultivateur n'était jamais assuré de moissonner ce qu'il avait semé, l'élevage du bétail constituait la principale industrie agricole. Aussi voyons-nous la Communauté constamment préoccupée d'assurer la conservation de ses immenses troupeaux. Elle entretient dans la Crau des gens armés, un véritable corps de cavalerie, pour écarter les pillards et les ravageurs ; elle facilite la transhumance vers les Alpes en établissant des *carraires*, en jalonnant de *pousadous* les routes pastorales, en assurant le libre passage par des traités avec les riverains.

La transhumance, connue de tous les peuples pasteurs, a été pratiquée de tout temps en terre d'Arles. Quand vient la saison estivale, et que, sous l'ardeur du soleil de mai, les herbages commencent à se dessécher, les troupeaux de bêtes à laine quittent le pays et émigrent vers les montagnes pastorales de la haute Provence ou du Dauphiné, où ils trouveront, avec des pâturages plus verdoyants, une température plus fraîche et plus salubre.

Dans certains pays, en Espagne notamment et en Corse, la transhumance a été considérée comme un véritable fléau. C'est qu'elle comportait le droit de parcours, et le parcours avait pour résultat de laisser dévorer par le bétail transhumant tous les produits du sol où il s'exerçait.

Il n'en était pas de même en Provence. Le droit de parcours n'y existait point ; de belles routes pastorales, qui atteignaient à certains endroits jusqu'à 40 mètres de largeur, reliaient la Crau d'Arles aux montagnes du Piémont ; quelques-unes de ces routes existent encore ; elles portent le nom de *carraires*. De bonne heure, la ville d'Arles s'était assuré, le long de ces routes, des lieux de parcage pour les troupeaux. C'était ce qu'on appelait des « *pousadous* » ; les troupeaux y trouvaient, à la fin de l'étape, la pâture et un abreuvoir. C'est ainsi que la ville d'Arles possédait un droit de parcage aux aires de Saint-Roch, près Aix, et un droit d'abreuvoir aux fontaines du Cours (1).

A une époque relativement récente, la commune d'Aiguines (Var) ayant refusé à des bergers d'Arles le parcage sur son communal, a dû s'incliner devant la production d'un contrat passé en 1489 entre la ville d'Arles et le seigneur d'Aiguines et par lequel ce dernier

(1) Si l'on en croit la tradition, le peu d'élévation des bassins du cours Mirabeau n'aurait pas d'autres causes.

concédait à prix d'argent un droit d'abreuvoir et de *pousadou*.

Ces détails ont leur intérêt : la transhumance va nous expliquer la raison d'être du droit d'esplèche.

Nous savons que l'exercice de l'esplèche commence à la mi-Carême et prend fin à la Saint-Michel; c'est la partie de l'année qu'on pourrait appeler la saison chaude, et c'est l'époque de la transhumance. En vérité, depuis la grande extension des prairies artificielles (par suite de l'adduction des eaux de Craponne) l'émigration des troupeaux ne commence plus qu'au mois de mai ; elle était autrefois beaucoup moins tardive, peut-être aussi parce que l'état des chemins et la difficulté des communications allongeait la durée du trajet. Qu'advenait-il à ce moment-là ? L'approche des chaleurs se faisant sentir, les grands troupeaux prenaient le chemin dés montagnes; les pâtres peu aisés formaient des associations, groupaient leurs petits troupeaux et unissaient leurs modestes ressources pour avoir les moyens de conduire aux Alpes leur bétail et profiter des avantages de la transhumance. Il ne demeurait sur le territoire que les *nourriguiers* (1) les plus pauvres et les *escabots* (2) trop faibles pour supporter la dépense d'un pareil déplacement. C'est dans l'intérêt de ces petits éleveurs, fort nombreux dans la commune d'Arles, et de l'industrie

(1) Eleveurs.
(2) Petits troupeaux.

pastorale, véritable gagne-pain de la majorité des habitants, que fut institué le droit d'esplèche.

Le bûcherage en fut le complément obligé ; il fallait bien assurer aux pâtres, vivant sur leurs troupeaux, dans la solitude des *coussous* (1), le bois nécessaire à leur industrie et aux usages domestiques. Une tradition locale, à défaut de titres, limite le droit de bûcherage à la quantité de bois qu'un âne peut porter. L'âne est la bête de somme du berger. C'est pour le berger seul que fut créé le bûcherage, qui, ne s'exerçant qu'en la saison chaude, dans une région éloignée de la ville et presque inhabitée, ne pouvait être réellement utile qu'à lui. Le pays s'est transformé depuis lors, les conditions économiques se sont modifiées, et avec elles le mode d'exercice du bûcherage, dont profitent aujourd'hui beaucoup de pauvre gens.

CHAPITRE III

APERÇU HISTORIQUE SUR LA PROPRIÉTÉ TERRITORIALE DANS LA CRAU D'ARLES

La ville d'Arles était un vaste habitat celtique *(Arlath)* quand Jules César s'en empara. Celui-ci la colonisa et l'érigea en municipe, et, l'une des premières dans les Gaules, la *Colonia Julia Paterna Arelatensis* jouit du

---

(1) *Coussou (Corsorium)* : C'est le nom qu'on donne aux pâturages de la Crau pierreuse.

Jus Italicum. Un jurisconsulte romain, *Mucius Scœ-vola*, qui vivait au siècle d'Auguste, fait mention dans deux textes conservés au Digeste (1) de la *Respublica Arelatensis*.

Arles était donc, au temps de Marius, une cité libre, indépendante, soumise à la législation Romaine.

La loi romaine faisait de la cité, qu'elle nommait *respublica municipii*, une personne civile ayant des droits reconnus et spécialement la propriété de son territoire.

Les constitutions impériales l'établissent formellement, notamment le Code Théodosien qui faisait loi dans nos contrées.

Au moyen-âge, sous la République, la ville d'Arles était encore propriétaire de ses pâturages, nous en trouverons la preuve dans des chartes que nous aurons à étudier. Lorsque, en l'année 1251, la ville se soumit au comte de Provence, elle se réserva ses « pescheries, bois et pâturages » (2) dont elle abandonnait l'usage à ses habitants. Ces privilèges et réserves lui furent confirmés par la *Seconde Convention* avec les comtes de Provence (1385) et, lors de l'annexion de la Provence à la France (1481), il fut expressément stipulé que la ville d'Arles conserverait la propriété de ses communaux.

Les titres que nous venons de citer sont formels et, ce-

_____

(1) Digeste, livre XXXIII, titre II, fragm. 34 et livre XIV, titre III, fragm. 13.

(2) Voir le commentaire de Boniface Avignon sur la *Première Convention*, etc...

pendant, la ville d'Arles n'a cessé d'avoir à lutter durant au moins sept siècles pour défendre son domaine rural contre les empiétements les plus audacieux et les prétentions les moins justifiées, et pour conserver ses pâturages de Crau. Si elle est aujourd'hui débarrassée de cette préoccupation, c'est qu'en 1862 elle a aliéné le *pâtis de Moulès*, le dernier communal qui lui restât dans la région qui nous occupe.

Examinons maintenant, dans leur ordre chronologique, les titres qui constatent les droits de la commune sur le territoire de la Crau.

Dans les statuts de la République d'Arles de 1162 (1), on voit que les pâturages de la Crau sont réservés aux habitants pendant une partie de l'année. La commune, à diverses époques, en aliéna des parcelles ; un procès-verbal de bornage, de l'an 1225, en fait foi.

Une série de condamnations, prononcées en 1268 contre des étrangers qui avaient conduit leurs troupeaux dans la Crau, démontre que le statut de 1162 n'était pas resté lettre morte.

Une enquête de 1269 dont le procès-verbal existe aux archives d'Arles nous apprend que la communauté, pour défendre ses communaux, entretenait dans la Crau une véritable force armée.

En 1278, c'est le comte de Provence lui-même qui intervient en faveur de la commune et rend une ordon-

(1) Publiés par M. Ch. Giraud dans son Essai sur l'histoire du droit français au moyen-âge.

nance qui interdit aux étrangers les pâturages en question.

En l'année 1301, de nombreuses sentences, rendues contre des bergers étrangers, affirment encore les droits de la commune.

On peut citer aussi la sentence arbitrale de 1321 déterminant les limites des communes d'Arles et d'Istres, et la transaction du 13 avril 1473 par laquelle les gens de Fos reconnaissaient aux Arlésiens la propriété de la Crau.

L'incendie de l'hôtel-de-ville et d'une partie des archives communales en 1536 par des soldats gascons mutinés, a certainement occasionné la perte d'une foule de titres fort importants pour la question qui nous occupe ; cependant les actes qui nous restent, et dont nous nous sommes bornés à citer les plus intéressants, établissent d'une manière indiscutable que jusqu'à cette époque la commune d'Arles s'était toujours comportée en véritable propriétaire de la Crau.

Au XIVme siècle, l'archevêque et le Chapitre Métropolitain élevèrent des prétentions sur les *pâtis* ou communaux de la Crau. C'est alors que commença cette série de procès qui devait se continuer durant plusieurs siècles. On trouve aux archives communales une enquête portant la date de 1302 sur les usurpations du clergé, et à la suite de cette enquête, des lettres patentes des comtes de Provence, Charles II (1308) et Robert (1328), autorisant la communauté d'Arles à saisir les pâtis usurpés par l'église.

François Ier en 1527 octroya à la ville d'Arles de nouvelles lettres patentes lui confirmant la propriété de ses
communaux. Précautions vaines ! Le 4 mai 1547 la communauté se voit obligée de recourir encore à l'autorité
royale pour arrêter les entreprises du Clergé et se faire
restituer en même temps contre toutes prescriptions pré-
tendues à raison du laps de temps pendant lequel, par
égard pour la « Sainte Eglise », elle a toléré et souffert
lesdites entreprises. La communauté rappelle à ce sujet,
dans sa requète, qu'elle a de tout temps possédé comme
propriétaire les pâturages de la Crau et elle expose que
sans droit ni titre l'archevêque se permet d'en inféoder
des parcelles et d'y imposer censes, directes et autres
droits seigneuriaux.

Un procès s'engagea entre la Commune et l'Église ; il
était pendant au parlement d'Aix, lorsque, pour des raisons de suspicion et sur la demande de l'archevêque,
l'affaire fut évoquée au conseil du roi qui renvoya les
parties devant le parlement de Toulouse (25 mai 1557).

Quatre ans après, le parlement de Toulouse rendait un
arrêt d'avant-dire-droit, prononçant par provision le
maintien du tout en l'état et déléguant le conseiller de
Corias pour vérifier sur les lieux les dires des parties et
procéder à une enquête (1561).

L'enquète eut lieu et le procès en resta là : l'archevêque et le chapitre continuèrent leurs inféodations.
Enfin en 1609, grâce à des concessions réciproques, et à
cette heureuse circonstance que l'archevêque d'Arles

était arlésien et profondément dévoué aux intérêts de sa ville natale; intervint la fameuse transaction qui consacrait les droits de la commune sur à peu près tout le territoire contesté.

Cette transaction portait en substance que la Crau d'Arles tout entière, à l'exception des domaines des *Quatre-Chapelles*, serait à perpétuité la propriété de la commune d'Arles, et seules les inféodations consenties par l'archevêque ou le chapitre antérieurement à 1561 seraient maintenues.

La communauté d'Arles fît homologuer cette transaction, mais quelques années s'étaient à peine écoulées que le chapitre impétrait par voie de requête civile des lettres de restitution *in integrum* contre ladite transaction et l'arrêt qui l'avait homologuée (1).

Les parties furent renvoyées à nouveau devant le parlement de Toulouse, qui rendit, le 21 mai 1621, un arrêt solennel qui sera désormais la loi des parties, et auquel on sera obligé de se reporter, toutes les fois que le droit d'esplèche sera remis en question. Cet arrêt reconnait la propriété de la commune sur toute la Crau, sauf le domaine des Quatre-Chapelles donné au chapitre de la Sainte Église d'Arles, en l'an 1052, par Guillaume vicomte de Marseille, et le tènement de Lebrate, propriété particulière de l'archevêque.

(1) Les titres que nous citons dans ce chapitre sont conservés aux archives communales de la ville d'Arles dans les registres intitulés « La Crau et ses patys ».

La question était donc définitivement réglée et, en 1640, la commune vendait la plus grande partie des pâtis de la Crau sans que le chapitre élevât la moindre réclamation.

Franchissons l'espace de deux siècles au cours desquels aucun fait important n'arrête notre attention. En 1844, nous voyons surgir dans des conditions singulières, un procès qui va ressusciter l'ancien litige. Le directeur de la maison royale de Charenton, M. Palluy, va contester à la commune la propriété de la Crau qui doit, dit-il, revenir aux hospices, aux termes de la loi du 4 ventôse an IX, comme tous les anciens biens ecclésiastiques possédés autrement qu'en vertu des décrets de l'assemblée nationale.

M. Palluy ne bornait point là ses prétentions ; il demandait le rétablissement du droit d'*Anouge*, sorte de capitation qui, avant 1789, frappait au profit de l'archevêque d'Arles tous les troupeaux qui bénéficiaient de l'esplèche. Cette capitation consistait en une redevance d'un agneau d'un an (*Anouge*) non tondu pour cent bêtes ovines. Cette perception avait été maintenue par l'arrêt du Parlement de Toulouse de 1621 ; un arrêt du Parlement d'Aix en date du 26 mai 1635 en avait exempté les troupeaux des nobles et de leurs fermiers. Le demandeur voulait faire revivre cette redevance comme bien de l'Etat (subrogé aux droits de l'archevêque) et il prétendait à la prime allouée par le législateur aux révélateurs de biens nationaux célés à la Régie des domaines. Ajoutons, pour être complet, que M. Palluy ne se donnait point pour l'auteur de cette découverte, dont il reportait le mérite à un M. Jarry, propriétaire à Paris, et dont il abandonnait le bénéfice à la maison de Charenton.

La ville d'Arles résista à ces prétentions. Sur la question du droit d'*Anouge*, elle opposa : 1° la prescription extinctive et libératoire ; 2° la loi des 15 et 28 mars 1790 qui avait aboli tous les droits seigneuriaux et féodaux parmi lesquels le droit d'Anouge devait être rangé. — Sur la question de propriété de la Crau, elle opposait que le clergé n'y avait eu jamais aucun droit.

M. Palluy répondait : 1° que sous l'ancien régime, les redevances censuelles de nature féodale n'étaient pas soumises à la prescription ; mais en même temps, par une contradiction assez étrange, il contestait au droit d'Anouge son caractère féodal, en soutenant que la loi des 15-28 mars 1790 ne lui était pas applicable ; 2° il soutenait que les droits de propriété de l'archevêque et du chapitre sur la Crau d'Arles étaient formellement établis par une charte de 1144 octroyée par l'empereur Conrad à l'archevêque d'Arles, au sujet des « *pascua de Cravo* ». Le droit d'Anouge n'était, d'après M. Palluy, qu'une sorte de fermage de ces *pâtis*.

Le 28 août 1847, le tribunal de Tarascon rejeta toutes les prétentions de M. Palluy. Sa décision, solidement motivée, peut se résumer ainsi : 1° Le droit d'Anouge était un impôt féodal et non un fermage ; il a été aboli par la loi de 1790 ; il serait d'ailleurs éteint par la prescription, l'imprescriptibilité féodale ayant disparu avec les abus féodaux ; 2° La charte de 1144 ne confère à l'archevêque d'Arles aucun droit de propriété sur la Crau ; elle établit seulement à son profit un droit fiscal et féodal, dont l'exercice apparait nettement dans la perception de l'Anouge. Le tribunal adopte, au sujet du mot *pascua*, l'interprétation que lui donnent nos vieux auteurs : « *Pascuum dicitur quod pro pascuis præstatur* » (Ducange).

Sur l'appel de M. Palluy, ce jugement fut confirmé par la Cour, et le pourvoi en cassation fut rejeté.

Les motifs adoptés par la Cour d'Appel nous paraissent irréfutables. Ce n'était d'ailleurs point les seuls qui militassent en faveur de la commune.

On pouvait opposer au directeur de Charenton les statuts de la République d'Arles de 1162 (postérieurs de quelques années seulement à la charte de 1144). Dans ces statuts, la ville interdit aux étrangers de mener leurs troupeaux dans la Crau pendant l'hiver ; elle fait cette même interdiction aux communautés religieuses, et n'y met exception qu'en faveur de l'archevêque et du chapitre. — Qui donc était propriétaire des pâturages à ce moment-là ? N'est-ce point la commune d'Arles, qui en règlemente l'usage, plutôt que l'archevêque ou le chapitre qui n'en bénéficient que par exception et faveur ?

Il y a plus : la commune consent, en 1640, de nombreuses aliénations (ventes, collocations ou *dations en paye*) sur les pâtis de la Crau ; l'église va protester si on la dépouille... elle ne proteste point..., etc..., etc...

Il est donc démontré, historiquement et juridiquement, que la commune d'Arles fut à l'origine propriétaire de la Crau ; qu'en 1621 son droit de propriété ne s'exerce plus qu'en dehors des limites des Quatre-Chapelles ; qu'en 1640, elle a vendu ou donné en collocation à ses créanciers tous ses communaux de Crau à l'exception du pâtis de Moulès, et qu'en 1862 elle a loti et vendu ce qui lui restait.

Ajoutons, pour être complet, que dans toutes ces aliénations sauf la dernière, comme nous aurons l'occasion de le voir, elle a fait réserve du droit d'esplèche au profit des habitants.

CHAPITRE IV

HISTORIQUE DU DROIT D'ESPLÈCHE. — SON ORIGINE. — SES VICISSITUDES. — SON ÉVOLUTION.

La communauté d'Arles, propriétaire de la Crau comme de tout son territoire, en abandonna de bonne heure la jouissance à ses habitants *ut singuli*. Il était permis à « *totz et ung chascun du peuple* », comme disent les vieux actes, de « bùcherer et pâturer » dans les biens communaux. C'est là évidemment le premier aspect du droit d'esplèche et nous croyons que sous cette forme il a une origine italienne. C'est en effet ce qui se passait de l'autre côté des Alpes.. On a découvert en 1506 une table d'airain, datant de l'an de Rome 636, et conservée au tribunal consulaire de Gênes. Sur cette table est gravée une sentence fixant les limites territoriales des Genuates et des Viturii (Gênes et les bourgs voisins), et distinguant la propriété publique de la propriété privée. On voit par cette curieuse sentence que la compascuité entre cités voisines était admise et que les habitants avaient la jouissance des biens communaux, pour la dépaissance comme pour le bûcherage.

Arles était ville romaine. Elle eut dans la suite des relations commerciales très suivies avec les ports d'Italie (notamment avec Gênes) et avec le Piémont, et tout porte à croire que notre *Explèche*, sous sa première forme, est une importation italienne.

Le premier document que nous ayons relativement à la règlementation de la dépaissance dans la Crau remonte à l'année 1162. C'est l'article 164 des statuts de la République d'Arles. Il est probable qu'avant cette époque, la dépaissance était libre. La communauté possédait en Camargue, dans le Plan du Bourg ou dans la Crau, des pâturages tellement vastes qu'ils devaient paraître inépuisables.

Sous la République (12e siècle), le sentiment personnel et particulariste s'affirme ; on se montre plus jaloux du droit de propriété. On veut réserver les pâturages de la Crau aux habitants d'Arles. On ne va pas les interdire immédiatement, brusquement et d'une façon absolue aux troupeaux étrangers ; on commencera par leur en interdire l'accès à partir de la Saint-Michel jusqu'à la Mi-Carême. L'herbe est rare en hiver. « *Item, statuimus quod bestie hospitalis milicie et aliorum domorum religiosarum, exceptis domibus domini archiepiscopi et canonicorum Arelatis, non pascent in pascuis de Cravo, scilicet à colla de Rua usque ad hospitale de Olla citrà, à festo sancti Michaëlis usque ad mediam quadragesimam ; et idem dicimus de omnibus bestiis extraneorum hominum ; et si dicte bestie invenirentur in pascuis Arelatis, quilibet Arelatis possit eas indè expellere auctoritate propria et sine pena curie prœstanda* » (art. 164 des statuts.)

Nous trouvons dans ce texte les deux limites extrêmes du droit d'*esplèche*, la Saint-Michel et la Mi-Carême ; nous y voyons également la réserve faite au profit des habitants ; c'est la démonstration indirecte de l'existence du droit d'esplèche à cette époque. Cette proposition peut surprendre au premier abord ; il peut sembler étrange, en effet, que ce privilège, qui ne s'exerce aujourd'hui que dans la saison chaude, puise sa démonstration dans un titre qui semble le contredire, puisqu'il ne s'applique qu'à la saison froide, c'est-à-dire de la Saint-Michel à la Mi-Carême.

La contradiction n'est qu'apparente : il ne faut pas oublier que depuis lors, il s'est produit un fait important ; la ville d'Arles, propriétaire autrefois de la Crau, a cessé de l'être. Propriétaire, elle se réservait les herbes d'hiver ; le pâturage d'été qui est, comme nous le verrons, une vaine pâture, était permis à tout le monde même aux étrangers. Les rôles aujourd'hui sont intervertis ; la commune n'est plus propriétaire ; c'est aux nouveaux possesseurs qu'appartiennent les herbes d'hiver ; quant aux herbages d'été, ils appartiennent encore au public, par suite de la réserve que la commune venderesse en a faite. On voit par là, qu'en réalité, malgré le changement de maître, la situation n'a pas changé : le pâturage d'hiver appartient toujours au propriétaire du sol, le pâturage d'été est toujours soumis à l'esplèche ; il ne s'est produit qu'une restriction dans l'exercice de ce droit, dont les étrangers sont exclus.

Des procès-verbaux de visite et de mensuration des *Coussous* (1) de Crau datant de 1225, c'est-à-dire de la République, vont nous permettre de résoudre quelques questions intéressantes. Ces bornages étaient faits pour réprimer les empiétements que certains propriétaires commettaient sur le domaine communal ; nous voyons que ces propriétaires étaient soumis à l'Esplèche. On lit dans ces procès-verbaux : « Il a été également déclaré par les experts arpenteurs susnommés, qu'à partir du domaine apparent (défendu) de Galignan, tout ce qui est en garrigues ou en agarets en aval et en dessous du chemin de Fos est pâtis excepté les prés qui sont défendus jusqu'à ce que les herbes aient été recueillies. »

Ces propriétés provenaient de démembrements du do-

---

(1) Les mots *pâtis* et *coussou* sont synonymes. Cependant on donne plus spécialement le nom de pâtis aux terres soumises à l'Esplèche.

maine communal que la ville avait déjà consentis. Nous n'avons plus les actes de vente passés à cette époque ; ils ont probablement péri dans l'incendie de 1536 ; mais il est certain, que dans ces actes, comme dans tous ceux passés postérieurement par la commune pour les pâtis de la Crau, il y avait une clause réservant l'Esplèche aux Arlésiens.

Lorsque la ville d'Arles se soumit au comte de Provence et devint terre adjacente, rien ne fut changé dans ses droits sur la Crau. Par l'article 20 de la convention de 1251, la commune se réserva la propriété de ses pâturages : « ..... Le seigneur comte déclare qu'il n'entend s'être par la susdite donation approprié ni à son droit transporté les chasses et bois, pâturages et paluds, l'usage desquels où desquelles appartenait à un chacun du peuple ou à certains particuliers. Ains que ceux en usent librement qui paravant avaient droit de ce faire (1). »

Nos archives communales possèdent un véritable recueil de décisions de justice rendues en 1268 contre des étrangers qui avaient violé l'interdiction de conduire leurs troupeaux dans la Crau ; c'est la preuve que le statut de 1162 était toujours en vigueur.

Une ordonnance du roi de Sicile, comte de Provence, en 1278, vint introduire une nouvelle réserve en faveur des Arlésiens : elle refusait aux étrangers fermiers de terres en Crau le droit d'y faire dépaître les bestiaux

(1) Traduction de Boniface Avignon.

autres que leurs bêtes de labour ; les Arlésiens eux-
mêmes s'y voyaient interdire la faculté d'y nourrir des
bestiaux appartenant à des étrangers après la Saint--
Michel et jusqu'à la Mi-Carême. C'est l'expulsion gra-
duelle du bétail étranger à la commune qui se continue.

On arrive ainsi à l'année 1308. La ville d'Arles obtient
alors du comte de Provence, Charles II, l'autorisation de
bailler à ferme les *pâtis* pendant l'hiver. Les habitants
vont avoir dès lors deux modes de jouissance des pâturages communaux : ils en jouiront *ut universi*, par le
produit des fermages qui va tomber dans la caisse municipale ; c'est le mode de jouissance pour la période
hivernale ; ils en jouiront en été *ut singuli*, par l'exercice individuel de la vaine pâture et du bûcherage. Cette
jouissance *ut singuli* n'a pas varié depuis lors.

L'arrêt du parlement de Toulouse du 21 mai 1621 va
confirmer ce que nous avons dit :

« Dans lesdits pâtis communs étaient posées certaines
contenances appelées coussous, lesquels coussous bornés de leurs fins de temps immémorial, lesdites capitu-
lations auraient été concédées et permis par la communauté dudit Arles à certaines personnes tant de religion
que laïcs pour jouir et user des pâturages d'iceux à leurs
commodités, et c'est dès la fête de Saint-Michel jusques
à demy Carême tant seulement, restant iceux coussous
et contenances à l'usage de tout le commun de ladite
ville. »

C'est bien là le mode de jouissance inauguré en 1308 :

la ville affermant ses pâturages de la Saint-Michel à la mi-Carême, et en laissant l'usage à ses habitants *ut singuli* pendant le restant de l'année.

L'arrêt précité détermine pour l'avenir la circonscription territoriale de l'esplèche :

« La Cour a maintenu et gardé, maintient et garde ledit chapitre en toutes et chacunes les terres et dépendances des Quatre-Chapelles dite Notre-Dame de Loulle, Notre-Dame de Laval, Saint-Pierre de Galignan, Saint-Martin de la Palud. Sans préjudice du droit des particuliers qui ont des coussous dans l'enclos d'icelles....... Comme aussi a notre dite Cour maintenu et gardé, maintient et garde lesdits consuls et communauté d'Arles en la faculté de faire dépaître leur bétail, couper bois et généralement en tous autres usages en tout le surplus du territoire de la Crau ; demeurant néanmoins en leur force et vigueur tous contrats d'inféodation faits avant l'année 1561 ».

La Crau est ainsi divisée en deux zônes, l'une soumise au droit d'esplèche, l'autre exempte de cette charge. Le domaine des Quatre-Chapelles constitue la zône affranchie (défendue ou *apparente*, pour employer les termes en usage) ; le restant de la Crau d'Arles tout entier est livré au droit de dépaissance et bûcherage en faveur des habitants d'Arles depuis la mi-Carême jusqu'à la Saint-Michel.

En ce qui concerne les particuliers *possédants biens* en dehors des limites des Quatre-Chapelles, la Cour ne porte aucune atteinte à leur droit de propriété ; elle le leur réserve formellement en ces termes : « Sans préjudice aussi du droit de coussou appartenant à des particuliers, pour en jouir par eux, au temps et saison qu'ils ont accoutumé. »

Aujourd'hui encore, l'arrêt de 1621 sert de titre à la commune d'Arles et l'esplèche ne s'exerce qu'*en dehors* des limites des Quatre-Chapelles.

Mais l'ère des procès n'était pas encore close.

En 1636, un nouvel arrêt du Parlement de Toulouse chargeait le conseiller de Papus de faire un bornage entre le domaine des Quatre-Chapelles et le restant de la Crau. Le sieur de Papus trouva, en arrivant à Arles, la population soulevée contre lui, et ce n'est qu'avec le concours de la force armée, qu'il put faire placer en Crau ces immenses bornes, dont quelques unes subsistent encore. La communauté d'Arles n'était pas encore résignée à voir soustraite à l'esplèche une si grande partie de la Crau. En 1638, elle était décidée à faire appel de toute la procédure postérieure à l'arrêt de 1621, et voulait se pourvoir au Conseil du roi, pour faire réviser le procès, quand l'archevêque parvint à moyenner un accommodement. Une transaction eut lieu ; en voici la substance :

La communauté aura les herbes et esplèches des terres données à emphytéose par l'archevêque et le chapitre *au dedans* comme au dehors des Quatre-Chapelles. Les emphytéotes n'auront le droit de défricher que pour créer un jardin et une vigne, pour leur usage et sans abus.

La commune était parvenue à ses fins ; mais les emphytéotes des Quatre-Chapelles, lésés par cet arrangement, firent entendre d'énergiques protestations ; finalement ils se syndiquèrent et assignèrent à leur tour la communauté par devant la Cour du Parlement de Toulouse. Celle-ci, par arrêt du 3 septembre 1639, déclara nulle la transaction comme irrégulière, intervenue en dehors d'eux et par conséquent « *inter alios acta* », et faite en fraude de leurs droits ; elle prononça en outre que la Communauté n'avait plus aucun droit sur les terres ainsi enclavées et que les emphytéotes demandeurs avaient toute liberté pour leurs défrichements.

L'arrêt de 1621 avait maintenu les baux emphytéotiques, consentis par l'archevêque ou le chapitre, antérieurement à 1561, *même en dehors* des Quatre-Chapelles. Mis en goût par le succès de leurs voisins, les emphytéotes de cette catégorie se syndiquèrent à leur tour et réclamèrent eux aussi le droit de défricher. Mais, le 10 avril 1656, la Cour les débouta par un arrêt ainsi conçu : « La Cour a maintenu et gardé, garde et maintient lesdits consuls et communauté de la ville d'Arles au droit et faculté de faire dépaître par leur bétail ou étranger les herbes des terres inféodées tant par l'archevêque que par le chapitre d'Arles dans tout le terroir de la Crau hors les limites des Quatre-Chapelles, et icelles (herbes) arrenter à telles personnes que bon leur semblera depuis la Saint-Michel jusques à demy-Carême, et à l'esplèche, depuis la demy-Carême jusques à la Saint-Michel, en

faveur de tous les habitants d'Arles, à la réserve du pâturage qui sera nécessaire auxdits emphytéotes pour le
bétail de labour des terres qui seront en culture. » La
Cour indique plus loin que ces emphytéotes n'ont droit
qu'à un jardin et une vigne pour leur usage et sans abus.

A partir de cette époque, nous avons dans la Crau
trois situations différentes à envisager.

Il y a d'abord les pâtis communaux que la ville afferme
de la Saint-Michel à la mi-Carême et qu'elle livre aux
habitants pendant le reste de l'année.

Il y a les emphytéotes de l'archevêque et du chapitre
qui ne peuvent défricher et qui n'ont droit au pâturage
que pour leurs bêtes de labour. La ville en jouit comme
des communaux, elle arrente la dépaissance d'hiver et
laisse aux habitants les herbes d'été.

Il y a, en dernier lieu, les propriétaires des Coussous
déjà vendus par la commune, qui jouissent à leur gré de
leurs biens pendant l'hiver, mais qui sont obligés de
tolérer la dépaissance et le bûcherage des habitants pendant l'été, sur toutes les terres non couvertes de récoltes.
Ces derniers qui formaient l'infime minorité à l'époque
où nous en sommes, allaient bientôt constituer la généralité.

Entre temps (en 1640) la ville, endettée, vendit ou donna
en collocation à ses créanciers ses pâturages de la Crau
et ne se réserva que le pâtis de Moulès. Mais dans tous
ces actes d'aliénation ou de collocation, elle eut toujours
soin de réserver au profit de ses habitants le droit d'es-

plèche, dans les termes suivants : « Aïns sera permis aux habitants d'Arles de faire bois ou mener dépaître dans ledit carton (ou Coussou) depuis le jour de la my-Carême, jusqu'au jour et feste de Saint-Michel, suivant l'antique faculté d'esplèche. » Cette clause était devenue de style dans les actes de vente des *Coussous* et c'est elle qui forme aujourd'hui le titre du droit d'esplèche.

Il n'y avait plus dans la Crau qu'un *pâtis* communal, le pâtis de Moulès, d'une étendue de 5 à 600 hectares. C'était un *pousadou* ou lieu de parcage pour les troupeaux revenant des Alpes, en même temps qu'un refuge pour le bétail du pays en cas d'inondation. Sur ce pâtis de Moulès se trouvaient encore des emphytéotes de l'archevêque et du chapitre d'Arles maintenus par l'arrêt de 1621 et qui n'avaient droit qu'à un jardin et une vigne pour leur usage (arrêt de 1656). Ces emphytéotes résolurent de conquérir extralégalement ce qu'ils n'avaient pu obtenir par les voies légales ; ils se mirent à empiéter systématiquement sur le pâtis communal, et chaque année, leur charrue y creusait quelques sillons de plus. La commune d'Arles les poursuivit énergiquement pour mettre un terme à ces usurpations continuelles.

En 1757, les emphytéotes de Moulès présentaient au corps municipal un long factum exposant leurs revendications ; ils y disaient, non sans raison, que le mot emphytéose implique essentiellement le défrichement. La municipalité répondit que leurs baux emphytéotiques leur ayant été consentis « *à non domino* », ils devaient s'estimer heureux qu'on les leur eût maintenus et se contenter d'en jouir dans les conditions actuelles.

Cependant, deux années plus tard (1759), la communauté finit par céder et leur accorda le droit de défricher. Elle avait compris que, s'il était important pour l'industrie pastorale de conserver les coussous, un intérêt supérieur recommandait le défrichement des pâtis.

Le 25 novembre de cette même année (1759), l'autorité municipale publia un règlement relatif uniquement au pâtis de Moulès, mais qui fut par la suite appliqué à toute la Crau. Ce règlement contient la disposition suivante :

« Les terres où l'esplèche ne pourra s'exercer sont celles complantées contigüement en vignes, amandiers ou mûriers, ou qui seront mises en culture et ensemencées. Le bétail ne pourra entrer dans les terres qui auront été semées que huit jours après que le blé aura été coupé. »

Ce règlement est encore en vigueur aujourd'hui.

Si maintenant, jetant un coup d'œil en arrière, nous voulons caractériser et résumer l'évolution du droit d'esplèche, voici les traits saillants qu'il nous suffit de retenir :

1º A l'origine, la dépaissance est libre.

2º Bientôt la ville réserve à ses habitants les pâturages d'hiver (1162).

3º Un peu plus tard, elle interdit aux étrangers même les pâturages d'été.

4° A une époque ultérieure, pour se créer des revenus, elle baillera à ferme les pâturages d'hiver et ne laissera aux usagers de l'esplèche que la dépaissance d'été. — C'est là une conception nouvelle de l'intérêt des habitants d'Arles ; c'est une faveur accordée aux petits propriétaires dont les troupeaux ne transhument pas, tandis qu'auparavant la réserve introduite dans les statuts de 1162 était seulement à l'avantage des troupeaux revenus des Alpes.

5° L'arrêt de 1621 soustrait à l'exercice de l'esplèche le terroir des Quatre-Chapelles.

6° En 1640 se produit un fait important qui va changer la nature juridique du droit d'esplèche sans en modifier l'exercice : La commune vend les pâtis, mais impose à l'acheteur l'obligation de subir l'esplèche. Dès lors, le titre de ce droit est entièrement converti. Avant les aliénations, les habitants usaient *ut singuli* d'un bien appartenant à la communauté ; le communal étant vendu, c'est désormais sur un bien d'autrui que les habitants d'Arles vont exercer l'esplèche, et ils l'exerceront, non plus à titre de propriétaires, mais simplement comme usagers et en vertu de la réserve qu'ils se sont faite dans l'acte d'aliénation.

On peut dire que le droit d'esplèche, dans sa conception actuelle, ne date que des aliénations. A l'époque antérieure, il ne constituait pas un droit proprement dit, établi au profit des habitants d'Arles : ceux-ci jouissaient *ut singuli* d'un bien qui leur appartenait *ut uni-*

versı. Maintenant, c'est une charge réelle qui pèse sur l'héritage grevé et le suivra en quelque main qu'il passe ; c'est une véritable servitude établie par titre au profit des habitants d'Arles sur un fonds déterminé.

Mais, quoique le droit ait changé de nature, quoique l'ancien propriétaire ne soit plus aujourd'hui qu'un usager, le mode d'exercice n'a pas varié : il est toujours conforme à la tradition, les actes d'aliénation ont, en effet, stipulé que le droit des habitants continuera à s'exercer comme par le passé « suivant l'ancienne faculté d'esplèche ».

DEUXIÈME PARTIE
Du Droit de Pâturage

CHAPITRE Ier

Étude des Lois Relatives à la Vaine Pâture

LOIS DES 28 SEPTEMBRE ET 6 OCTOBRE 1791. — DISPOSI-
TIONS GÉNÉRALES. — LOIS DU 9 JUILLET 1889 ET DU
22 JUIN 1890. — CONSÉQUENCES DE CES LOIS. — VAINE
PATURE COUTUMIÈRE. — VAINE PATURE A TITRE PARTI-
CULIER. — SERVITUDE DE PACAGE.

Le Code rural de 1791 est venu réglementer la vaine
pâture; il a apporté de l'unité dans les diverses coutumes
qui régissaient la France; il a fait autorité jusqu'en 1889.
Traçons-en brièvement les grandes lignes.

Le Code rural pose en principe la liberté de l'agriculture et le droit exclusif du propriétaire sur son fonds.
Aussitôt après, il apporte une restriction au droit du
propriétaire avec la vaine pâture. Cette vaine pâture, il
ne la maintient que lorsqu'elle est fondée sur un titre
particulier, sur une loi ou coutume et sur un usage local
immémorial. Mais ce n'est qu'à regret encore qu'il re-
connaît l'existence de cette charge ; il déclare plus loin
que le propriétaire du sol pourra toujours s'y soustraire
par la clôture. Mais lorsque la vaine pâture a été établie

sur un héritage par contrat, le propriétaire grevé perd le droit de se clore ; mais il peut toujours s'exonérer de cette charge par le rachat ou le cantonnement.

La base de la vaine pâture sanctionnée par le Code rural est la réciprocité. C'est ainsi que tout habitant ne peut faire pâturer sur l'héritage de ses concitoyens que dans la mesure des terres qu'il livre lui-même à la vaine pâture. Le grand propriétaire a le droit d'envoyer à la vaine pâture un plus grand nombre de bestiaux que celui qui ne possède que peu de biens. Pour maintenir la proportionnalité, celui qui clôt une partie de son héritage perd le droit d'envoyer à la vaine pâture un nombre d'animaux proportionnel à l'étendue des terrains qu'il a clôturés. Mais tout chef de famille non propriétaire a le droit d'envoyer à la vaine pâture six bêtes à laine, une vache et son veau.

Les articles suivants visent les modifications apportées au territoire des communes.

Le Code rural a fait autorité jusqu'en 1889. Les articles 647 et 648 du Code civil reproduisent les articles 4 et 16 de la loi de 1791.

Le Code pénal (art. 471, § 15, et 479, § 10) est venu apporter une nouvelle sanction aux prescriptions du Code rural.

Enfin, les lois du 18 juillet 1837 et du 5 avril 1884 donnent pouvoir aux Conseils municipaux de réglementer l'exercice de la vaine pâture.

La loi de 1791, dont nous avons indiqué les points

saillants, avait fait naître bien des controverses qu'il convenait de faire cesser. De plus, deux mouvements d'opinion différents s'étaient créés en France : certaines communes demandaient énergiquement la suppression de la vaine pâture, d'autres, au contraire, en réclamaient le maintien. Les lois de 1889-1890 sont venues trancher très sagement la difficulté.

La loi du 9 juillet 1889 (art. 2) abolit la vaine pâture, ou plutôt ne la laisse subsister que là où, dans l'année qui suivra sa promulgation, les Conseils municipaux intéressés en auront demandé le maintien. La loi du 22 juin 1890, modifiant cet article, dispose que ce droit de vaine pâture cessera de plein droit seulement un an après la promulgation de la loi ; elle maintient aux municipalités la faculté d'en obtenir la conservation en en formulant la demande dans l'année qui suivra cette promulgation. Il ne s'agit là que du droit « appartenant à la généralité des habitants et s'appliquant en même temps à la *généralité du territoire* d'une commune ou d'une section de commune » et le maintien de ce droit ne peut être obtenu que s'il se fonde « sur une ancienne loi ou coutume, sur un usage immémorial ou sur un titre ».

S'il s'agit d'un « droit de vaine pâture fondé sur un titre et établi sur *un héritage déterminé*, soit au profit d'un ou de plusieurs particuliers, soit au profit de la généralité des habitants », ce droit sera maintenu et continuera à s'exercer conformément aux droits acquis. Mais le propriétaire de l'héritage grevé pourra toujours s'en affranchir, soit moyennant une indemnité fixée à dire d'experts, soit par voie de cantonnement. (La loi de 1890 a apporté sur ce point une précision qui manquait à la loi de 1889, en rangeant les communes parmi les usagers contre qui pouvait s'exercer le rachat).

Enfin, elle rétablit la vaine pâture sur les prairies naturelles, supprimée par la loi de 1889.

Ces deux lois reproduisent, d'ailleurs, la plupart des dispositions de la loi des 28 septembre-6 octobre 1791.

Du rapprochement et de la comparaison de ces monuments législatifs se dégage une observation importante : c'est qu'il faut distinguer deux sortes de vaine pâture : l'une contre laquelle on peut se défendre par la clôture ; l'autre dont on ne peut s'affranchir que par le rachat ou le cantonnement. La première est la vaine pâture fondée sur un titre particulier ou bien établie par la loi ou par un usage local immémorial (art. 3 de la loi de 1791) ; la seconde est celle dont il est parlé dans l'article 7 de la même loi et qui se fonde également sur un titre que le législateur a négligé de déterminer.

Mais comment distinguer entre les deux titres : celui de l'article 3 et celui de l'article 7 ? La loi ne nous le dit point et les lois subséquentes de 1889 et 1890 n'ont pas fait disparaître cette incertitude.

En effet, ces lois déclarent *désormais abolie*, sauf réclamation du Conseil municipal, la « vaine pâture fondée sur une ancienne loi ou coutume, sur un usage immémorial ou sur un titre » ; or, cette vaine pâture est celle dont il est dit plus loin qu'on pourra s'exonérer par la clôture. Cependant, l'article 12 de la même loi de 1890 vise une vaine pâture fondée sur un titre et qui *continuera à s'exercer* conformément aux droits acquis. Quel est donc le titre visé dans l'article 3 de la loi de 1791 et dans l'article 2 de la loi de 1890 ? D'autre part, quel est le titre dont il est question dans l'article 7 de la loi de 1791 et dans l'article 12 de celle de 1890 ? — Il s'agit là évidemment de titres de qualité différente puisqu'ils créent des droits différents.

La réponse est dans la distinction suivante : le législateur a voulu distinguer la vaine pâture coutumière et la vaine pâture à titre particulier.

Nous considérons comme certain que le titre visé dans l'article 3 de la loi de 1791 est l'écrit destiné à servir de preuve, l'*instrumentum* (1). La vaine pâture coutumière dont nous parle cet article avait pour fondement une loi ou un usage ayant force de loi. Une fois la récolte enlevée, le propriétaire était obligé de subir sur son terrain la dépaissance des troupeaux des habitants de la commune; il avait en échange le droit de faire dépaître sur les terres de ses voisins. C'était un usage, mais ce n'était pas la conséquence d'une convention. Si on veut se soustraire à cet usage, on n'a qu'à se clore, mais alors on perd soi-même le droit de faire dépaître chez son voisin. En général, le titre de cet usage n'est pas un titre cons-

(1) Laurent, t. VII, p. 504.

titutif d'un droit, il est simplement déclaratif d'un état de choses préexistant.

En quoi, ce titre consiste-t-il ? Ce peut-être un acte conservé chez un notaire et dans lequel l'usage est relaté ; ce sera un arrêt de Parlement, un règlement municipal, une ordonnance de police émanant d'un seigneur féodal..., etc..., etc...... En un mot, le fondement de la vaine pâture coutumière : c'est la loi, la coutume, l'usage local immémorial et le titre quel qu'il soit constatant cette loi, coutume ou usage.

Pour la vaine pâture à titre particulier (celle de l'article 12 de la loi de 1890), le titre c'est le contrat qui a imposé sur le fonds grevé cette véritable servitude au profit d'un ou de plusieurs particuliers ; c'est le titre générateur et constitutif du droit.

Cette distinction essentielle semble avoir échappé à la sagacité de plusieurs commentateurs. Merlin s'est contredit sur le sens du mot titre dans les articles précités (1).

Si l'on a pu s'y méprendre sous la législation de 1791, la confusion n'est aujourd'hui plus possible ; les travaux préparatoires de la loi nouvelle ont marqué nettement la distinction : « S'agit-il d'un contrat ou d'une décision judiciaire constatant, d'une manière positive, l'existence d'une société de pâturage, à la fois active et passive, englobant toute la communauté, pratiquée sous le nom de

(1) Merlin, v. Répert. Vaine Pâture, § 1, art. 2. — Questions de droit, § 1.

vaine pâture, un pareil titre n'a pas plus de force que la loi ou la coutume... S'agit-il au contraire d'un acte par lequel le propriétaire a formellement consenti, au profit d'une communauté, le droit de vaine pâture sur son fonds, il est manifeste que le titre impose au propriétaire grevé une charge spéciale dont il lui est défendu de s'affranchir par son propre chef. » (1)

Entre la vaine pâture coutumière et la vaine pâture conventionnelle il y a des différences capitales.

1° On peut s'exonérer de la vaine pâture coutumière par la clôture; la vaine pâture à titre particulier ou conventionnelle ne cesse que par le rachat et le cantonnement ;

2° L'une est essentiellement réciproque, l'autre ne l'est pas ;

3° La vaine pâture coutumière est exercée par la généralité des habitants ; la vaine pâture conventionnelle n'appartient qu'aux personnes mentionnées par le titre ;

4° La vaine pâture coutumière s'exerce sur toutes les terres non closes de la commune, l'autre seulement sur les terres indiquées dans la convention ;

5° En matière de vaine pâture coutumière, le Conseil municipal peut prendre toute sorte de règlementation, tandis que pour une vaine pâture conventionnelle, il ne peut édicter que des mesures sanitaires au cas d'épizootie ;

6° Le propriétaire soumis par contrat à la vaine pâture

---

(1) Journ. Off., Rapp. Malens, Sénat. Annexes, p. 2611.

ne peut changer son mode d'assolement et de culture au préjudice de l'usager — tandis qu'il a toute liberté s'il ne s'agit que d'une vaine pâture coutumière.

Enfin, la loi de 1889-90 déclare abolie la vaine pâture coutumière, tandis que la vaine pâture à titre particulier continuera à s'exercer conformément aux droits acquis.

Mais elles diffèrent surtout par leur nature (1).

Qu'est-ce qu'une vaine pâture coutumière ? — C'est une simple faculté. Telle est l'opinion du législateur de 1791 ; c'était celle consacrée dans la plupart des coutumes, et nous lisons dans les débats préparatoires de la loi de 1889, que (2) : « La vaine pâture n'est pas une servitude proprement dite, mais une tolérance dont la loi impose l'obligation (M. Bourgeois) — M. Faye a dit également : « Tous les auteurs ont reconnu que la vaine pâture est une tolérance et non un droit. »

Au contraire, la vaine pâture à titre particulier est une véritable servitude dont on ne peut s'exonérer par la clôture. Mais ce n'est pas une servitude *réelle* établie sur un fonds au profit d'un autre fonds, c'est une servitude personnelle qui grève à perpétuité un fonds au profit des habitants d'une commune. C'est un droit d'usage perpétuel de la nature de ceux dont la loi reconnait l'existence dans les forêts.

La vaine pâture à titre particulier étant fondée sur une convention, il semble que son extinction ne puisse,

---

(1) Proudhon, Droits d'usage, 333-334,
(2) Journ. Officiel. Chambres. Annexes, p, 574.

de même que sa création, se faire qu'avec le libre consentement des parties. Le législateur est venu apporter ici une restriction très remarquable au respect dû aux conventions. Le législateur de 1792 voulait donner au propriétaire les moyens de libérer son héritage des charges qui le grevaient et il décidait que le propriétaire comme l'usager pourrait obtenir la suppression de cette servitude par l'action en cantonnement. Cette faculté accordée à l'usager était absolument exorbitante; le législateur de 1889 l'a fait disparaître et aujourd'hui le propriétaire seul a l'action en cantonnement comme l'action en rachat.

A côté de la vaine pâture coutumière et de la vaine pâture à titre particulier, il existe aussi des servitudes de pacage, de panage, etc. . Le législateur de 1889-90 a formellement déclaré ne pas s'en occuper : « Il est bien entendu, disait M. Boreau Lajanadie, que le projet de loi ne s'occupe, ni des droits qui sous la dénomination de droits de pâturage, de pacage, de panage, ne sont, en réalité, que des droits d'usage ou d'usufruit... etc... » Ces droits de pacage, qui sont restés en dehors du Code rural, ressemblent beaucoup à la vaine pâture à titre particulier. Comme elle ils sont établis par convention, mais ils portent sur la vive et grasse pâture, c'est-à-dire sur le produit principal du sol et non sur la vaine pâture, qui ne se comprend qu'après l'enlèvement de la récolte. La distinction entre ces deux droits ne sera pas toujours commode à établir, bien qu'il existe entre eux une différence importante : C'est que le propriétaire grevé d'un droit de vaine pâture conventionnelle, peut obliger le titulaire du droit à en accepter la suppression moyennant une indemnité, tandis que le propriétaire d'un bien grevé d'une servitude de pacage, ne peut s'en exonérer que du consentement de l'ayant-droit (1). Il importe donc de distinguer, lorsqu'on est en présence d'un droit de pâturage, s'il s'agit d'une grasse pâture ou d'une vaine pâture et dans ce dernier cas, si c'est une vaine pâture à titre particulier ou une vaine pâture coutumière.

Nous avons à nous demander maintenant dans laquelle de ces trois catégories nous devons ranger le droit d'esplèche.

CHAPITRE II

NATURE JURIDIQUE DE L'ESPLÈCHE COMME DROIT DE PATURAGE

Par l'étude sommaire que nous venons de faire des lois de 1791 et de 1889, on voit que nous avons un intérêt considérable à nous demander si le droit d'esplèche est une vaine pâture coutumière — ou une vaine pâture conventionnelle — ou une servitude de pacage.

L'esplèche a des points communs avec chacun de ces droits de dépaissance.

---

(1) Cass., 14 novembre 1893. D. 94.1.357.

Comme un droit coutumier, elle existe depuis un temps immémorial, sur une très vaste étendue de territoire, au profit de tous les habitants ; comme lui, elle recule devant le défrichement.

Comme la vaine pâture conventionnelle elle a été établie par titre et elle empêche le propriétaire de se clore.

Enfin, de même qu'un droit de vive et grasse pâture, elle s'exerce pendant la belle saison, c'est-à-dire à l'époque où l'herbe est la plus abondante.

Est-ce donc une vaine pâture coutumière ? On l'a soutenu. La loi de 1889 ayant subordonné le maintien de la vaine pâture coutumière à une demande du Conseil municipal, la commune d'Arles a cru devoir, en 1890, formuler une demande pour le maintien du droit d'esplèche. Loin de moi la pensée de critiquer cette démarche ; quoiqu'inutile, à mon humble avis du moins, elle épargnera peut-être à la municipalité, dans l'avenir, bien des contestations, des procès et des frais.

Ce qui peut avoir induit la commune d'Arles à considérer sa démarche comme nécessaire, c'est l'exemple ou l'opinion de plusieurs autres communes jouissant de droits de pâturage dans la Crau. Les municipalités de Salon et de Grans ont été d'un avis contraire, ou bien ont jugé plus conforme à leurs intérêts de laisser périmer leur droit qui présentait certainement tous les caractères du droit d'esplèche.

Si les communes de Grans et de Salon ont été guidées par cette pensée que le droit dont elles jouissaient n'était point subordonné à la formalité d'une demande officielle, je partage leur opinion.

J'estime en effet que le droit d'esplèche qui s'exerce dans la Crau d'Arles, tout comme le droit de « *relargage* » qui s'est exercé jusqu'en ces derniers temps dans la Crau de Salon, ne sont pas des droits coutumiers. Une pareille coutume n'existait pas dans notre région : le statut de Provence proclame au contraire la liberté des héritages.

D'ailleurs on ne retrouve point dans le droit d'esplèche le caractère le plus essentiel de la vaine pâture coutumière : la réciprocité. En effet la vaine pâture coutumière a sa base, son fondement, je dirai presque sa raison d'être dans la réciprocité. Un habitant n'a le droit de faire pâturer chez son voisin que tout autant que son voisin a le même droit chez lui. Le législateur a pris soin qu'il en fût ainsi ; nous avons vu par quelles précautions il a maintenu la balance égale dans cette réciprocité de charges. — Le droit d'esplèche n'est pas réciproque ; le propriétaire de Crau le subit sans aucune espèce de compensation ; les propriétaires de Camargue, du Trébon et du Plan du Bourg font pâturer chez lui, sans qu'il puisse en faire autant chez eux.

Ajoutons à cela, qu'on ne pouvait autrefois, et nous établirons qu'il en est de même aujourd'hui, s'exonérer de l'esplèche par la clôture.

Cela démontre bien que le droit d'esplèche n'est pas un droit coutumier.

Est-il une servitude de pacage? — Il en a les apparences. En effet, la servitude de pacage porte sur la vive et grasse pâture, c'est-à-dire sur le produit principal du sol, sur la récolte elle-même, elle n'a d'utilité et généralement elle ne s'exerce que durant la belle saison, par conséquent au temps de l'Esplèche. L'Esplèche, elle aussi, écrème les produits du sol pierreux de la Crau et ne laisse au propriétaire du fonds que les maigres productions de l'automne ou de l'hiver.

La vaine pâture au contraire s'exerce généralement en hiver.

Cependant, malgré les affinités de l'esplèche et de la servitude de pacage, malgré la différence importante que nous venons de signaler entre elle et la vaine pâture, nous n'hésitons pas à déclarer que pour nous, le droit d'esplèche est un droit de vaine pâture et n'est pas autre chose.

C'est d'ailleurs ce que la Cour d'Aix a proclamé dans un arrêt mémorable du 19 juillet 1841 (en la cause de la commune d'Arles contre le sieur Jacques Bellon); mais les motifs de sa décision ne sont pas ceux qui nous déterminent.

La Cour dit : « C'est de la fin septembre à la mi-Carême qu'a lieu la vive pâture dans la Crau d'Arles, parce que chaque propriétaire en est alors réduit à ses propres ressources territoriales pour la nourriture de ses troupeaux ; tandis qu'au contraire la dépaissance qui s'exerce pendant l'absence des troupeaux transhumants ne forme plus qu'une vaine pâture tombant sous la loi de 1791. »

Il y a certainement une grande témérité de ma part à critiquer cet argument ; j'ose à peine insinuer qu'à mon humble avis, il renferme une pétition de principes. Supposons que le droit d'esplèche s'exerce en hiver, on pourrait dire encore avec l'arrêt de la Cour que le droit du propriétaire est un droit de vive pâture, car il est bien évident que, dans n'importe quel pays, chaque propriétaire en est réduit à ses ressources territoriales au temps où la vaine pâture n'est pas ouverte.

Le 9 mars 1854, la Cour d'Aix statuait sur une question de *relargage*, qui est, nous venons de le dire, un véritable droit d'esplèche grevant, de la mi-Carême à la Saint-Michel, la Crau de Salon au profit des habitants de cette ville. Elle posait dans son arrêt le principe suivant : « Un droit de pacage est un droit de vaine pâture, alors même qu'il s'exercerait aux époques ordinaires de la vive pâture, si cette circonstance peut s'expliquer par le caractère exceptionnel des terres qui y sont soumises. »

Qu'est-ce à dire ? La Cour veut-elle indiquer, par là, qu'on ne saurait concevoir l'existence d'une vive pâture sur les pâtis de la Crau ? Ce serait, je crois, une erreur. L'herbe est peu abondante dans les coussous, le fait est incontestable ; mais si rare qu'elle puisse être, elle l'est plus ou moins suivant la saison. On distingue au point de vue de la dépaissance la période estivale et la période d'hiver. Cela ne suffit-il pas pour rendre possible l'existence alternative d'un droit de vaine pâture et d'un droit de grasse pâture dans la Crau ? Remarquons que les pâturages de Crau sont fort estimés et s'afferment à des prix assez élevés. On peut opposer d'ailleurs à l'opinion de la Cour d'Aix un arrêt de la Cour d'Orléans, du 23 novembre 1891, où il est dit que le fait de mener des troupeaux toute l'année sur des pâtis où l'herbe se renouvelle sans cesse constitue l'exercice d'un droit de vive pâture.

Nous estimons que l'esplèche est une vaine pâture ; mais nous fondons cette appréciation sur une autre raison que celle donnée par la Cour d'Aix.

Assurément, en Crau comme partout, les herbes sont plus abondantes au printemps et en été que dans l'hiver. Mais le propriétaire qui aurait la jouissance de son bien pendant toute l'année retirerait-il le même profit de ses pâturages d'hiver que de ses pâturages d'été ? C'est une question qui se pose. Nous croyons que les pâturages d'hiver en Crau s'affermeraient toujours mieux que les pâturages d'été, même s'il n'y avait pas l'Esplèche, bien que les herbes y soient moins abondantes en hiver que dans la période estivale. C'est qu'il intervient une loi économique qui pèse sur le cours des fourrages de ces pâtis : la loi de l'offre et de la demande. En hiver, tous les troupeaux des habitants d'Arles sont sur le territoire de la commune ; la plupart transhument en été et il ne reste plus sur le terroir d'Arles que les petits *escabots*. Qu'en résulte-t-il ? C'est qu'en été, il n'y a qu'un très petit nombre de bestiaux pour consommer de très vastes pâturages, tandis que dans la saison hivernale ces mêmes pâturages seront disputés par un très grand nombre de troupeaux.

35000 têtes de bétail seulement usent de l'esplèche, on peut évaluer au moins à huit fois ce nombre les bestiaux qui dépaissent dans le terroir d'Arles durant l'hiver. Si donc l'Esplèche n'existait pas, le propriétaire du sol retirerait toujours un meilleur prix des herbes de ses coussous dans la période hivernale que dans l'été.

L'Esplèche porte donc en somme sur un produit de faible valeur et voilà pourquoi nous estimons que c'est bien une vaine pâture. Le préjudice qu'elle cause au propriétaire du sol serait beaucoup plus grand en hiver, et la preuve que de tout temps on l'a jugé ainsi ressort nettement du statut de 1162 : lorsque, pour la première fois, la ville songea à réserver à ses habitants les pâturages de Crau, c'est la dépaissance d'hiver qu'elle réserva tout d'abord en l'interdisant aux étrangers.

Résumons-nous : l'Esplèche n'est donc pas une *vive pâture*, c'est une *vaine pâture*. Nous avons vu que ce n'est pas un droit coutumier, c'est donc une vaine pâture conventionnelle.

Nous allons essayer de le démontrer.

Qu'est la vaine pâture conventionnelle ? C'est celle établie par titre sur un fonds déterminé, soit au profit d'un ou plusieurs particuliers, soit au profit de la généralité des habitants d'une commune ou d'une section de commune (art. 12 de la loi de 1889-1890).

Or, tel est bien le droit d'esplèche. Il existe aujourd'hui dans la Crau en vertu de la clause que la commune a insérée dans les contrats d'aliénation des pâtis.

Sans doute, antérieurement à ces aliénations, les habitants usaient de l'Esplèche comme aujourd'hui, mais différent était le titre ou, plutôt la qualité en laquelle ils en usaient. Le corps des habitants était, à cette époque, propriétaire des pâtis, il en jouissait à ce titre par le fait individuel de chacun de ses membres *(ut singuli)*. Aujourd'hui, la situation a changé : la communauté n'est plus propriétaire et les habitants d'Arles n'ont droit à l'esplèche qu'en vertu de la réserve faite en leur faveur dans l'acte d'aliénation.

Cela explique pourquoi le pâtis de Moulès, vendu en 1863 par la commune d'Arles, *sans aucune réserve*, se trouve aujourd'hui affranchi de l'esplèche.

L'Esplèche est donc bien un droit de vaine pâture conventionnelle, établie par titre, au profit des habitants d'Arles, sur les pâtis de la Crau.

Ici se présente une objection qu'il importe d'examiner et de discuter. Nous allons voir bientôt que les actes de vente et de collocation des pâtis de la Crau sont aujourd'hui perdus en grande partie et que la commune d'Arles, pour soutenir le droit des habitants, se prévaut de l'usage immémorial acquisitif en Provence des servitudes discontinues. Si donc le droit d'esplèche est basé sur l'usage immémorial, il est, semble-t-il, d'essence coutumière (art. 8 de la loi de 1791 ou article 2 de la loi de 1889-1890) plutôt que d'essence conventionnelle. Telle est l'objection, et il faut bien reconnaître que la Cour d'Aix, dans son arrêt de 1854 relatif au « *relargage* » de Salon, lui prête une imposante autorité. L'arrêt déclare, en effet, que les habitants de Salon ont acquis par l'usage immémorial une vaine pâture coutumière, et nous avons vu que les motifs qu'il en donne pourraient s'appliquer à notre droit d'esplèche.

Mais la Cour d'Aix me paraît avoir fait une confusion. Autre chose est l'usage immémorial, acquisitif des servitudes discontinues, dont parlent les statuts de Provence, autre chose est l'usage *local* immémorial visé par l'article 3 de la loi de 1791.

L'usage immémorial du statut de Provence est un véritable mode d'acquisition qui, au même titre qu'une vente, fait entrer un droit, une servitude dans notre patrimoine ; c'est une prescription, mais une prescription très allongée. Cet usage immémorial vaut titre et se suffit à lui-même ; on peut ajouter, si l'on veut, qu'il suppose la préexistence d'un titre.

L'usage local immémorial du Code rural de 1791 est loin de présenter les mêmes caractères ; il suppose une tolérance, une habitude plutôt que l'exercice d'un droit, la préexistence d'un accord tacite plutôt que la préexistence d'un titre. On a pris l'habitude de mener dépaître chez le voisin après qu'il a enlevé sa récolte; le voisin en

4

a fait de même chez vous, par une sorte de concession réciproque et pour l'avantage commun ; cette habitude, en s'éternisant, a pénétré et s'est pour ainsi dire enracinée dans les mœurs de la localité au point d'y être comme une loi, et c'est cette loi non écrite, non édictée ni promulguée, que le Code rural de 1791 s'est appropriée. On sent bien ici la prédominance de l'essence coutumière, c'est l'habitude ou, pour mieux dire, la coutume qui à la longue est devenue le droit et s'est transformée en loi. Dans l'usage immémorial du statut de Provence, ce qui prédomine, c'est l'idée de la préexistence du droit à l'habitude, de la préexistence du titre à l'exercice du droit ; c'est ici l'exercice du droit qui a créé l'usage immémorial, tandis que, dans l'autre cas, c'est l'usage immémorial qui est devenu le droit et la loi.

Il nous est donc permis de dire que les habitants d'Arles exercent le droit d'esplèche en vertu d'un double titre savoir : la réserve insérée dans les actes d'aliénation des pâtis et l'usage immémorial admis par le statut de Provence.

Le droit d'esplèche est donc un droit de vaine pâture à titre particulier, autrement dite conventionnelle.

Nous savons qu'une vaine pâture conventionnelle est une véritable servitude à laquelle on ne peut se soustraire par la clôture. Mais ce n'est pas une servitude réelle imposée sur un fonds pour l'utilité d'un autre fonds, c'est une servitude personnelle.

Le Code civil ne nous parle pas des servitudes personnelles. Le législateur de 1804 ne voulait pas reproduire ce mot qui lui rappelait les services féodaux dûs par le vassal au suzerain. Mais, si le mot de servitude personnelle n'existe plus dans notre code, la chose existe toujours : l'usufruit, l'usage et l'habitation règlementés par le Code civil ne sont en somme que des servitudes personnelles. Ces servitudes personnelles ne sont pas perpétuelles; attachées à la personne, elles s'éteignent avec elle; le droit d'esplèche au contraire grève à perpétuité les coussous de la Crau.

La loi a reconnu dans les forêts des droits de la nature de celui que nous avons à étudier; ces droits sont perpétuels, ils appartiennent à une commune et ils sont établis au profit des habitants. Tel est aussi le droit d'esplèche : c'est un droit d'usage et nous pouvons ajouter c'est un droit réel.

Proudhon (1), étudiant les droits d'usage, en fait des droits mixtes tenant plus de la propriété que de la servitude; il veut que pour l'usager le droit d'usage soit un immeuble civilement séparé du fonds et remplissant pour lui les fonctions d'un véritable héritage. D'ailleurs, nous dit-il, par le cantonnement il se transforme en droit de propriété. Nous préférons l'opinion exprimée par Troplong dans son traité sur la prescription. Les droits d'usage sont de véritables servitudes ; l'article 688 du

---

(1) Proudhon, Traité des droits d'usage, 333-334. — Troplong, Prescription, t. 1, nᵒˢ 397-400.

Code civil lui-même fait des droits de pacage des servitudes discontinues.

Le droit d'esplèche est donc, à notre avis, un droit d'usage de la nature des servitudes discontinues.

Il était nécessaire, au début de cette étude, d'indiquer aussi exactement que possible la nature juridique du droit que nous avons à étudier, pour pouvoir, en pleine connaissance de cause, lui faire l'application des dispositions des nouvelles lois qui le concernent.

CHAPITRE III

TITRE FONDAMENTAL DU DROIT D'ESPLÈCHE

Nous avons vu que le droit d'esplèche a été établi par titre sur les pâtis de la Crau ; nous avons vu que, lorsque la commune aliénait ses communaux, elle avait grand soin, par une clause introduite dans les actes de vente, de réserver au profit de ses habitants le droit d'esplèche. Malheureusement, la commune n'a conservé que très peu de ces actes d'aliénation ; nous savons, d'ailleurs, qu'en 1536 un incendie a dévoré ses archives, si bien qu'aujourd'hui, pour la plus grande partie de la Crau, la ville n'a plus le titre constitutif de l'esplèche. Quelle est alors la base du droit des habitants d'Arles ?

La question s'est posée lors du procès Bellon, en 1841. Bellon, propriétaire en Crau du coussou dit le Baussenc, prétendait que son fonds doit être affranchi de l'esplèche. Il disait à la commune d'Arles : « Vous prétendez avoir sur mon bien une servitude de pâturage. Le statut de Provence, de même que le Code civil, admettent le principe de la liberté des héritages. Il n'y a pas de servitude sans titre. Montrez-moi le titre qui grève mon fonds d'une servitude à votre profit. Je reconnais qu'en fait les habitants d'Arles ont de tout temps exercé l'Esplèche sur mon bien ; mais vous ne sauriez vous prévaloir contre moi de ce laps de temps, les servitudes discontinues ne pouvant s'acquérir par prescription (art. 691 C. civ.). »

La commune répondait : « Si l'article 691 du Code civil n'admet plus la prescription acquisitive des servitudes discontinues, il ajoute : « sans cependant qu'on « puisse attaquer aujourd'hui les servitudes de cette na- « ture déjà acquises par la possession dans les pays où « elle pouvait s'acquérir de cette manière. » Or, sous le statut de Provence, les servitudes discontinues pouvaient être acquises par l'usage immémorial. Cet usage immémorial, nous l'avions avant le Code civil. Voilà de vieux titres qui le prouvent. Notre possession était conforme à ces titres ; elle remplissait donc toutes les conditions requises pour la prescription. Dès lors, en 1804, nous avions déjà acquis par l'usage immémorial une servitude de vaine pâture sur votre fonds et vous ne sauriez vous prévaloir contre nous des dispositions du paragraphe 1er de l'article 691. »

La question s'est présentée deux fois devant le tribunal de Tarascon, en 1841 (affaire Bellon) et en 1855 (affaire Lurin). Par deux fois, le tribunal a admis les prétentions des demandeurs et condamné la commune d'Arles ; mais par deux fois aussi, sur l'appel de cette dernière, la Cour d'Aix a réformé le jugement de Tarascon.

Voyons d'abord les motifs invoqués par le tribunal à l'appui de sa décision :

« Attendu, dit le jugement, qu'il est bien vrai que dans les pays de droit écrit, les servitudes discontinues pouvaient être acquises par la possession immémoriale, mais que la première des conditions requises pour la preuve testimoniale de cette possession était (Julien, *Statuts de Provence*, t. II, p. 543) que les témoins fussent âgés au moins de 54 ans ; que cette condition est aujourd'hui impossible à remplir, puisque les témoins à produire devraient être parvenus à l'âge de 54 ans en 1804, etc...»

Par ces motifs, le tribunal refuse de reconnaître le droit de la commune.

Ce jugement et celui rendu plus tard dans l'affaire Lurin (1855) avaient des conséquences très graves pour la ville d'Arles. En effet, il ne subsiste aux archives communales qu'un très petit nombre de ces actes d'aliénation des communaux ; l'immense majorité des coussous allait donc échapper à l'Esplèche.

La commune ne pouvait accepter une pareille solution. Elle émit appel dans les deux affaires et par deux fois la Cour d'Aix accueillit ses prétentions.

L'arrêt du 25 mai 1857 (1) s'exprime ainsi : « Attendu

____

(1) *Recueil des Arrêts de la Cour d'Aix*, 1857, p. 105 (affaire Lurin).

que l'Esplèche dérive de titres formels et qu'à défaut de titres elle aurait son légitime fondement dans la possession immémoriale acquisitive d'une pareille servitude avant le Code Napoléon ; que cette longue possession, dont l'origine se perd dans la nuit des temps, est parfaitement établie au procès par une foule de vieux documents historiques et judiciaires qui en font une vérité incontestable, sans qu'il soit nécessaire de recourir à un autre genre de preuves (1). »

Nous nous rangeons pleinement à l'opinion de la Cour d'Aix. Les premiers juges avaient adopté un système trop exclusif en n'admettant d'autre mode de preuve que la preuve par témoins. Le statut de Provence, de même que le Code civil, n'a jamais repoussé la preuve littérale, infiniment préférable au témoignage oral : « Lettres passent témoins, » disaient nos anciens jurisconsultes. La commune établissait sa possession immémoriale par des actes d'une incontestable autorité, tels qu'arrêts de Parlement, ordonnances, règlements de police, etc..., etc... Ajoutons que la jurisprudence s'est montrée en général beaucoup plus large dans la preuve de l'usage immémorial ; un arrêt de la Cour suprême (Chambre des requêtes) du 9 novembre 1828 pose en principe que : « on pourrait entendre même un maire ou un administrateur quelconque qui, quoiqu'ils n'aient pas l'âge nécessaire pour être entendus comme témoins, ont

---

(1) L'arrêt de la Cour d'Aix du 19 juillet 1841 fut confirmé par rejet du pourvoi en cassation. — V. *Rec. des Arrêts de la C. d'Aix*, 1844, p. 381.

pu le savoir, soit à cause de leurs études, soit par leurs rapports avec les anciens (1). »

Les conséquences de ces arrêts de la Cour d'Aix sont très importantes. Les titres admis par la Cour comme preuves de l'usage immémorial établissent que toute la Crau d'Arles, hormis les Quatre-Chapelles, est soumise à l'Esplèche. Il est désormais acquis que l'Esplèche y est le droit commun et que tout propriétaire de biens situés dans le périmètre grevé doit, s'il prétend s'en affranchir, prouver sa libération.

En résumé, l'Esplèche a pour fondement le titre et l'usage immémorial. Sur quelques fonds, ce droit s'exerce en vertu d'un titre que la commune possède encore ; sur les autres, c'est en vertu de l'usage immémorial. Mais dans l'un comme dans l'autre cas, ce droit s'exerce toujours de la même façon. Les habitants n'ont pu acquérir par l'usage immémorial qu'un droit conforme à celui établi par le titre dont l'usage immémorial suppose d'ailleurs l'existence.

En d'autres termes, par suite de la possession immémoriale, la commune se trouve aujourd'hui dispensée de fournir le titre constitutif de l'Esplèche sur les pâtis de la Crau.

CHAPITRE IV

DE LA PROPRIÉTÉ DU DROIT D'ESPLÈCHE

Comme tout droit réel, le droit d'esplèche est suscep-

_____

(1) *Rép. Dalloz*, v· Prescription civile, n· 486..

tible de propriété. A qui appartient-il ? La question n'est pas sans intérêt. L'Esplèche pouvant s'éteindre par le cantonnement ou par le rachat, il est utile de savoir à qui appartiendra l'indemnité de rachat ou de cantonnement.

La réponse paraît facile au premier abord : Nous sommes en présence d'une servitude établie par titre, c'est au titre qu'il faut nous en rapporter. Nous voyons écrit dans les actes d'aliénation : « Aïns sera permis aux habitants d'Arles de faire bois et mener dépaître dans ledit canton, de la mi-Carême à la St-Michel. » Le titre ne parle que des habitants d'Arles, il semble donc bien que le droit d'esplèche appartient à ceux à qui le titre accorde l'exercice de ce droit, c'est-à-dire aux habitants d'Arles *ut singuli*.

Il y a plus : à côté du titre, il y a l'usage immémorial, qui est bien le fait des habitants d'Arles *ut singuli*, c'est donc à eux que la prescription est acquise et qu'appartient par conséquent, en apparence du moins, le droit d'esplèche.

Cette opinion trouve un point d'appui dans l'arrêt précité de la Cour d'Aix du 19 mars 1854 (affaire du *relargage* de Salon). Nous avons déjà dit que ce droit de relargage présente tous les caractères de notre droit d'*esplèche*. Or, voici ce que déclare l'arrêt de 1854, sur la propriété de ce droit :

« La réserve de ce droit que la commune s'est faite (dans un acte de vente de communaux, en 1702) n'a été faite que pour notifier à l'acquéreur l'existence de ce droit qui grève la propriété et non pour le créer, puisqu'elle s'en réfère aux usages établis pour en régler l'exercice ; la commune a ainsi sagement distingué ses droits de propriétaire comme être moral représentant l'universalité dans la vente de son domaine privé, d'avec les droits de pacage appartenant à tous les habitants *ut singuli* ; en désemparant tout ce qu'elle possédait au premier titre, la propriété et la grasse pâture des coussous, elle a retenu au nom des habitants le droit de chacun d'eux à la vaine pâture, dont elle ne pouvait disposer à leur préjudice puisqu'ils en avaient la possession immémoriale » (1).

La Cour d'Aix admet donc que les habitants de Salon avaient acquis, par suite d'un usage immémorial, un droit de pâturage sur les pâtis, et que la commune n'avait pu aliéner ces communaux que grevés de cette charge au profit des habitants *ut singuli*. Par voie de conséquence, le droit de pâturage serait encore aujourd'hui la propriété des habitants *ut singuli*.

C'est la première observation que suggère cet arrêt ; il s'en présente une seconde : La Cour déclare que ce droit ainsi fondé sur un usage immémorial est un droit coutumier (art 3 de la loi de 1791) dont on peut s'exonérer par la clôture.

Examinons ces deux propositions :

Nous croyons pouvoir démontrer : 1· Que la propriété

(1) Sirey, 1855.1.765.

du droit de relargage n'appartient pas aux habitants *ut singuli* et qu'il appartient à la commune de Salon ; 2· Que le relargage est une vaine pâture établie à titre particulier.

Mais d'abord, rappelons une dernière fois, pour n'avoir plus à y revenir, la complète identité du relargage de Salon et de notre esplèche ; c'est ce qui donne à l'arrêt de 1854 un très grand intérêt dans la question qui nous occupe ; car toutes les raisons que la Cour a données pour justifier son dispositif pourraient s'appliquer au droit d'esplèche.

Si nous examinons le titre de l'Esplèche, nous voyons que la commune d'Arles s'y réfère aux anciens usages ; il est dit dans les actes d'aliénation, que le droit de pâturer et de bûcherer s'exercera suivant l'antique Esplèche ; on y lit aussi que les habitants d'Arles l'exercent depuis un temps immémorial. Dès lors, de même que pour le droit de relargage, on pourrait dire avec la Cour d'Aix : « La commune n'a fait cette réserve que pour notifier à l'acquéreur l'existence de la servitude qui grevait son fonds au profit des habitants d'Arles ; la preuve que ce n'était pas pour la créer, c'est que la commune s'en réfère aux anciens usages, pour en régler l'exercice. D'ailleurs la commune ne pouvait disposer au préjudice des habitants d'un droit de vaine pâture qu'ils avaient acquis par l'usage immémorial. Enfin, ce droit fondé sur l'usage immémorial est un droit coutumier. »

La similitude du relargage et de notre Esplèche rendrait donc applicables à cette dernière les principes établis par l'arrêt précité de 1854.

Sans méconnaître ce qu'il y a de judicieux dans le système que nous venons d'exposer, nous nous permettrons de lui préférer l'opinion contraire et pour justifier cet acte de témérité, c'est à la Cour d'Aix elle-même mieux renseignée cette fois que nous emprunterons un appui.

Demandons-nous d'abord, comment les habitants de Salon ou d'Arles auraient pu acquérir la propriété *ut singuli* d'un droit de pâturage sur un bien communal. Ce n'est assurément point par l'usage. En effet, quand les membres de la communauté vont faire dépaître sur un communal, la ville ou la communauté ne subit aucune atteinte dans son droit de propriétaire: elle ne cesse pas de jouir de son bien, elle en jouit par ses habitants *ut singuli*. De même, lorsque la ville baille à ferme un pâturage communal, les habitants ne cessent pas de jouir du bien affermé : ils en jouissent *ut universi* par la perception du prix de fermage qui tombe dans leur caisse communale. Dans le premier cas, les habitants ont fait acte de jouissance au nom et pour le compte de la commune ; dans le second cas, la commune a fait acte de jouissance au nom et pour le compte des habitants. Tel est le principe. Dès lors, les habitants n'ont pu prescrire contre la communauté, c'est-à-dire contre eux-même. En usant du pâturage, ils représentaient la communauté, ils exerçaient des droits communs et si par prescription ils ont acquis un droit quelconque, ce n'est pas pour leur propre compte, puisqu'ils ne jouissent pas en leur nom personnel, c'est pour la ville qu'ils représentent.

Dans ces conditions, ils ne pourront jamais acquérir sur un communal un droit d'usage ni en leur propre nom, ni au profit de la commune, en vertu de la règle : *Nemini res sua servit.*

Cela ne veut pas dire qu'un simple particulier, dix, vingt si l'ont veut, ne puissent jamais acquérir par prescription une servitude active sur un communal ; une pareille thèse serait absurde. Ce que nous posons en principe, c'est que lorsqu'une commune abandonne à *tous ses habitants* l'usage d'un bien communal, elle ne cesse pas d'en jouir, la possession des habitants est entachée de précarité et ne peut conduire à la prescription. Conclusion : les habitants d'Arles, comme ceux de Salon, n'avaient donc pas pu acquérir par l'usage immémorial avant les aliénations un droit de pâturage sur le communal.

Poursuivons l'argumentation et supposons un instant que, par impossible, les anciens habitants aient acquis pour leur propre compte le droit en question avant les aliénations ; comment la génération actuelle pourrait-elle en réclamer le bénéfice ? Un droit d'usage est une servitude personnelle ; attaché à la personne, il périt avec elle ; il est donc éteint.

Évidemment, la solution serait tout autre s'il s'agissait d'une servitude réelle, notamment d'un droit de pâturage établi sur un fonds pour l'utilité d'un fonds voisin. Un pareil droit est susceptible de transmission : attaché au fonds dominant, il le suit de main en main. Mais nous savons déjà que ce n'est pas le cas de notre espèce : le droit d'esplèche comme le droit de relargage constituent des servitudes personnelles attachés à la qualité d'habitants et non à la qualité de propriétaires de tel ou tel fonds.

En somme, on peut répondre en deux mots : Ou les habitants de Salon avaient prescrit *ut singuli* et alors le droit s'est éteint avec eux, ou bien ils ont prescrit *ut universi* pour l'être moral, pour la Communauté, et dans ce cas la maxime *nemini res sua servit* s'est opposée à l'acquisition d'un droit de servitude quelconque.

Nous nous sommes laissés entraîner par la discussion ; mais nous aurions pu opposer à la théorie de l'arrêt de 1854 un autre argument qui nous paraît en démolir non moins sûrement toute l'économie. En effet, nous avons parlé tout le temps de prescription, mais il ne faut pas oublier que la prescription dont il s'agit ici n'est autre que l'usage immémorial acquisitif des servitudes discontinues sous le statut de Provence. Or, l'usage immémorial visé par le statut de Provence, c'est la possession pendant un laps de temps tellement long que personne n'en ait vu le commencement. Il fallait, pour la preuve, des témoins âgés de 54 ans au moins et rapportant tenir le fait en question de la bouche de personnes plus âgées qu'eux. Une possession aussi longue excède évidemment la plus longue durée de la vie humaine ; un être moral seul est susceptible d'y parvenir. La prescription dont s'agit ne peut se concevoir qu'au profit d'une collectivité se renouvelant sans cesse; un individu ne saurait acquérir de cette manière une servitude personnelle.

Les habitants d'Arles ou de Salon n'avaient donc pas une servitude de pâturage sur le communal au moment des aliénations. Ont-ils pu l'acquérir depuis et s'en dire aujourd'hui propriétaires ? Je ne le crois pas. Le fondement de notre Esplèche est aujourd'hui double : ce droit repose à la fois sur le titre et sur l'usage immémorial. Le titre porte une réserve de l'Esplèche au profit des habitants d'Arles *ut singuli :* s'ensuit-il que le droit d'esplèche soit devenu leur propriété ? Non; en stipulant pour les habitants, la commune stipulait pour elle-même ; en réalité, elle se réservait une servitude de pâturage dont elle jouirait par le fait individuel de ses habitants. Cette réserve a été introduite au profit de tous les habitants sans nulle exception et, par cela même, au profit du corps tout entier, c'est-à-dire de la commune. La preuve qu'il en est ainsi, se déduit des faits historiques subséquents et de l'interprétation émanée des intéressés eux-mêmes.

Au lendemain des aliénations de 1640, en 1642, la ville d'Arles, se trouvant encore obérée, songea à vendre le droit d'esplèche ou à soumettre à une taxe les

habitants qui en usaient. Pour se renseigner sur l'étendue de son droit, elle demanda une consultation à des
jurisconsultes aixois. Voici leur réponse : « L'avis des
soussignés est que le droit d'esplèche que tous les habitants d'Arles ont de faire dépaître réciproquement leur
bétail dans la Crau ; ayant égard que cette faculté appartient au corps de la communauté qui l'a volontairement rendue commune à tous ses habitants : la ville
peut vendre et arrenter le droit d'esplèche et charger le
fermier de ne prélever qu'une taxe modérée. Laquelle
vente ou ferme sera bonne et valable, vu que le fond et
capital dudit droit d'esplèche appartient en propriété à
la susdite communauté. » Aix, 25 novembre 1642, signé : Décormis.

Ajoutons que la commune d'Arles s'est toujours considérée comme propriétaire du droit d'esplèche ; en
cette qualité, elle a à diverses époques consenti plusieurs actes de rachat, les archives communales en font
foi. Le livre terrier de 1691 mentionne le droit d'esplèche dans la Crau comme propriété communale. Un arrêt du Conseil du roi, du 3 août 1705, autorise les consuls à vendre ou arrenter les esplèches de la Crau, etc.

En résumé, le titre du droit d'esplèche, c'est-à-dire la
clause introduite dans les actes de vente des Coussous
de Crau, a eu pour objet de créer sur les pâtis aliénés
une servitude au profit de la commune, servitude dont
elle ne jouit et ne peut jouir que par le fait individuel de
ses habitants.

Le second fondement du droit d'esplèche est l'usage immémorial antérieur à 1804. A qui cet usage immémorial a-t-il fait acquérir le droit d'esplèche ? L'usage immémorial est le fait des habitants *ut singuli*, c'est incontestable; mais ils ont exercé le droit d'esplèche pour le compte de la commune, c'est donc pour elle qu'ils ont acquis. D'après le statut de Provence, l'usage immémorial devait être conforme au titre dont il supposait l'existence. Les habitants d'Arles ont, depuis un temps immémorial, joui de l'Esplèche conformément au titre de la commune. Nous savons, d'ailleurs, que s'il n'en était pas ainsi, le droit d'esplèche n'existerait plus aujourd'hui.

L'usage immémorial ne peut être exercé que pour le compte de personnes morales et non pour le compte d'individus.

Le doute est donc impossible : le droit d'esplèche appartient à la commune d'Arles et non aux habitants. Prétendre que ce droit appartient aux habitants par cela seul qu'ils l'exercent *ut singuli,* serait aussi inadmissible que de prétendre que les habitants sont propriétaires *ut singuli* d'un bien communal livré à leur jouissance.

La Cour d'Aix a, par ses arrêts de 1841 (affaire Bellon) et 1857 (affaire Lurin), consacré virtuellement (en vérité sans aborder cette discussion et sans en donner de motifs) l'opinion que nous venons d'exposer.

L'arrêt de 1854 relatif au « *relargage* » avait fait de ce droit un droit coutumier dont on peut s'affranchir par la clôture (loi de 1791). Il nous paraît impossible de concilier cette décision avec celles de 1841 et de 1857. Nous croyons, du reste, en avoir démontré l'erreur : L'arrêt de 1854 porte en lui deux choses inconciliables, ce nous semble : 1° l'énonciation que c'est un droit coutumier dans le sens de la loi de 1791, et 2° la déclaration qu'il est la propriété des habitants. Il y a là une confusion que nous avons déjà signalée. Sous l'empire du Code rural de 1791, la vaine pâture coutumière s'exerce en vertu de la loi et non en vertu d'un droit de propriété, elle ne fait pas partie du patrimoine de l'habitant. Si donc l'arrêt dit vrai sur le fondement du *relargage*, il s'inflige un démenti à lui-même en attribuant la propriété de ce droit à l'habitant.

Cet arrêt a eu des conséquences fâcheuses : en classant le relargage parmi les droits coutumiers, il l'a mis au nombre des droits de vaine pâture dont le maintien, aux termes de la loi de 1890, est subordonné à une demande de la municipalité dans le temps relativement court d'une année. Or, la municipalité de Salon, pour des motifs ignorés de nous, n'a pas fait sa demande ; on voit déjà quelles peuvent en être les conséquences.....

Il nous reste à examiner quels sont les droits respectifs des trois personnalités que le droit d'esplèche met en présence : la commune, l'habitant et le propriétaire du sol.

CHAPITRE V

DROITS DE LA COMMUNE

La commune est, nous l'avons vu, propriétaire de l'Esplèche; le droit d'*esplèche* est un bien communal et la commune a sur lui tous les droits qu'elle a sur ses autres communaux : elle peut donc en disposer souverainement dans la limite de son titre.

Elle peut en consentir le rachat, et c'est contre la commune que le propriétaire grevé devra intenter l'action en rachat ou en cantonnement. On l'a contesté. On a dit que la commune ne saurait recevoir le prix d'un droit d'usage qui a été constitué au profit de ses seuls habitants. Cela revient à contester le droit de propriété de la commune ; or, nous savons déjà ce qu'il faut en penser. Nous estimons que la commune a aussi bien le droit de consentir le rachat de l'Esplèche que de vendre un communal dont elle aurait laissé jusque là la jouissance aux habitants *ut singuli*.

La commune est propriétaire. Aussi intervient-elle au profit des habitants toutes les fois que le droit d'esplèche est contesté.

Elle jouit de l'Esplèche par ses habitants : contester le droit d'esplèche à un habitant en tant qu'habitant d'Arles, cela revient à contester le droit de la commune elle-même.

Dès que la commune est intervenue dans le procès, dès qu'elle a pris fait et cause pour l'habitant, celui-ci disparaît du litige ; c'est ce qu'a décidé, à juste titre, selon nous, le tribunal de Tarascon par jugement du 17 mai 1854 en réformant une décision du juge de paix du canton Est d'Arles.

« Attendu, dit le tribunal, que c'est à tort que le juge a dit que Sadoulet pouvait seul soutenir sa demande. Il ne demande l'Esplèche que comme habitant de la ville d'Arles, il était donc sans qualité pour faire statuer sur son existence et son étendue, bien que ce droit soit exercé par les habitants *ut singuli*, puisque ce droit est communal et que le maire de la commune a seul qualité pour le représenter toutes les fois que le droit est contesté. Car, s'il en était autrement, la décision intervenue contre l'habitant ne lierait pas la commune. Il pourrait avoir été décidé contre l'habitant que le droit prétendu n'est point dû à la commune et ensuite, sur la prétention du maire, que ce droit lui appartient. Le juge devait donc accorder le délai demandé pour la mise en cause de la commune. »

Il faut donc poser en principe que la commune a le droit et l'obligation d'intervenir dans tous les procès où l'existence du droit d'esplèche est en cause. Elle n'a pas à intervenir si le propriétaire du fonds grevé ne conteste pas cette existence et prétend seulement que l'habitant qu'il poursuit a commis des abus dans l'exercice de ce droit. Mais, même dans ce cas, il y a lieu d'examiner si la prétention du propriétaire ne tendrait pas à modifier l'exercice ou l'étendue du droit d'esplèche, et, s'il en était ainsi, la commune pourrait et devrait intervenir au procès. Le tribunal de Tarascon a proclamé avec raison que l'habitant est sans qualité pour faire statuer sur l'*exercice*, l'*étendue* et l'*existence* du droit d'esplèche.

D'autres questions se posent au sujet des droits de la commune.

Depuis 1859, elle perçoit une taxe sur le bétail qui profite de l'Esplèche. Des contestations se sont élevées sur la légitimité de cette imposition ; on a dit que la commune fait argent d'une chose qui ne lui appartient point ; c'est aussi la raison qu'on a donnée pour protester contre le rachat. Nous avons réfuté par avance cette objection en établissant les droits de propriété de la commune sur le droit d'esplèche. La loi de 1884 autorise les communes à établir des taxes municipales et à bailler à ferme leurs communaux. La taxe en question est parfaitement légale ; le produit qu'elle donne entre dans la caisse municipale et profite à la généralité des habitants.

Il faut bien reconnaître, d'ailleurs, que cette taxation se justifie par une raison d'équité. En imposant aux acheteurs des pâtis la servitude d'esplèche, la commune dépréciait par cela même le fonds vendu et se condamnait à n'en retirer qu'un prix moindre ; qui supportait cette moins-value ? La communauté toute entière ; qui en retirait un profit ? Ce n'était pas l'acheteur qui payait un prix proportionné à la valeur de l'objet ainsi déprécié ; c'étaient uniquement les propriétaires de troupeaux usant de l'Esplèche et ce sont eux uniquement qui continuent à en bénéficier. Quoi de plus naturel, par conséquent, et de plus équitable, que d'imposer à ces derniers une redevance qui n'est qu'une compensation au sacrifice volontairement supporté par tous les habitants au profit de quelques-uns.

Et quand le droit des usagers de l'Esplèche est menacé par les prétentions contraires des propriétaires du sol, qui donc intervient pour la conservation de leur droit, qui prend leur fait et cause, qui donc assume la charge et les risques du procès ? — C'est la commune qui, ici encore dans l'intérêt de quelques-uns, s'impose des dépenses et des frais que supporteront tous les habitants. A ce point de vue, la taxe n'est pas seulement une compensation ; elle prend le caractère d'une véritable prime d'assurance : car la commune en percevant la taxe, doit garantie aux usagers contre toute menace d'éviction.

En fait, la taxe de dix centimes par tête de brebis ou de mouton est extrémement modérée et les éleveurs qui usent de l'Esplèche bénéficient d'une dépaissance à très bas prix.

On a prétendu que la taxation de l'Esplèche n'a été qu'un retour à l'ancien usage. Nous avons vu dans la consultation signée du nom de l'avocat Decormis que les jurisconsultes d'Aix au XVIIe siècle en admettaient la parfaite légalité. Nous avons dit que les troupeaux qui dépaissaient dans la Crau payaient à l'archevêque une redevance en nature, d'origine féodale, connue sous le nom de droit d'anouge. Nous savons d'autre part que le roi de France percevait le droit de « *pasquerage* » sur les bestiaux transhumants. Mais nous n'avons rien trouvé dans les archives communales de la ville d'Arles qui autorise à dire que le droit d'esplèche a subi autrefois une taxation.

Il échet maintenant d'examiner les droits du Conseil municipal en matière d'Esplèche. Le Conseil municipal est administrateur des biens appartenant à la commune. Il est donc administrateur de l'Esplèche. C'est à lui qu'il appartiendra : 1° de consentir ou de refuser le rachat offert par un propriétaire grevé ; 2° de fixer le montant de la taxe ; 3° de décider si la commune doit ou non intervenir dans tel ou tel procès. Il ne saurait y avoir doute sur ces points.

Mais des questions plus délicates s'imposent à notre examen :

Le Conseil pourrait-il avancer ou retarder l'ouverture ou la clôture de la saison de l'Esplèche ? La question ainsi posée nous paraît complexe et doit, selon nous, être divisée.

S'agit-il seulement de retarder l'ouverture de la saison et d'abréger par là l'exercice de la servitude ; le Conseil municipal, ministre des volontés de la commune, en a parfaitement le droit. Qui pourrait le lui contester ? Le propriétaire grevé serait sans intérêt pour le faire,

l'usager serait sans qualité puisqu'il n'est pas propriétaire du droit et qu'il n'en jouit qu'au nom de la communauté.

S'agit-il, au contraire, d'une mesure dont l'effet serait
d'allonger ou d'aggraver l'exercice de la servitude ? Les
principes du droit et de l'équité l'interdisent formellement
au Conseil municipal. — S'agit-il d'une sorte de moyen
terme, d'une exonération provisoire ou temporaire de
l'Esplèche, sollicitée par quelque propriétaire de fonds
assujettis, le Conseil municipal est compétent. Qui peut
le plus, peut le moins. Le Conseil pourrait autoriser le
rachat à titre perpétuel et même l'accorder gratuitement
(sous le contrôle cependant de la tutelle préfectorale
dont il ne peut jamais s'affranchir quand il s'agit d'aliéner
le bien communal); à plus forte raison, pourrait-il
consentir une sorte de rachat temporaire ou d'exonération de durée limitée.

Je ne vois également rien qui s'oppose à ce que le
Conseil municipal baille à ferme le droit d'esplèche
« in globo » à quelques-uns seulement des habitants.
Je n'examine pas ici le caractère pratique d'une pareille
mesure, ni si elle serait bonne en soi, si elle serait juste
ou injuste, démocratique ou anti-démocratique, avan-
tageuse ou préjudiciable aux intérêts communaux. Je
serais le premier à protester si quelqu'un osait en émettre
la proposition. Mais il ne faut pas oublier que l'Esplèche
a déjà plus de huit siècles d'existence, qu'un très long
avenir peut lui être réservé et que dans un temps plus

ou moins prochain, dans d'autres conditions économiques, ce qui serait mauvais aujourd'hui pourrait
devenir profitable au public. Je n'examine que la question
de droit, abstraction faite des circonstances de temps).
Les anciens usagers évincés seraient sans qualité pour
réclamer, par la raison sus-indiquée que la communauté
seule est maîtresse du droit d'esplèche ; ils ne pourraient
crier à la spoliation puisqu'ils auraient, comme membres
de cette communauté, leur part dans le prix de fermage
entré dans la caisse de la commune.

Le Conseil municipal pourrait-il concéder le droit
d'esplèche à des étrangers? — Je réponds non, pour deux
raisons :

1° Les droits d'usage sont essentiellement personnels
et incessibles. La commune d'Arles jouit de l'Esplèche
par le fait individuel de ses habitants, qui font partie de
la communauté ; admettre des étrangers à l'exercice de
ce droit, ce serait, de la part de la commune, une véritable cession, puisque d'autres qu'elle en jouiraient ;

2° Les réserves stipulées dans les actes d'aliénation
n'ont été consenties par les acheteurs des communaux
qu'au profit des habitants d'Arles; ce serait étendre
cette réserve au-delà de l'intention des parties que
d'en faire profiter les étrangers. D'autre part, il pourrait
y avoir une véritable aggravation de la servitude ; en
effet, l'acquéreur a pu calculer et mesurer l'étendue de
la charge qu'il acceptait ; il a pu raisonnablement
espérer que les petits « *escabots* » qui seuls, comme

nous l'avons vu, profitent de l'Esplèche, ne consomme-
raient point tous les herbages d'été, et qu'il lui resterait
un reliquat ; il a pu compter également que l'exercice
du bûcherage, accessoire obligé de l'Esplèche, n'absor-
berait pas tout le bois disponible, et c'est en réalité ce
qui se produit. Admettre des étrangers à pâturer et
lignerer sur les fonds soumis à l'Esplèche est donc chose
contraire à l'esprit de la convention.

Une dernière observation : en cas d'épizootie, le
Conseil municipal a le droit d'édicter toutes les mesures
de police réclamées par la situation; cela résulte nettement de la loi de 1884.

CHAPITRE VI

DROITS DES HABITANTS

Nous sommes en présence d'un droit de vaine pâture
établi par titre : seuls ont le droit d'en profiter ceux que
le titre désigne.

Le titre s'exprime ainsi : « Ains sera permis aux habitants d'Arles, de faire bois et mener dépaître pour leur
usage, tant seulement, suivant l'ancienne faculté
d'esplèche. »

Nous savons qu'il en était ainsi avant les aliénations.

Peu de temps après la vente des pâtis de la Crau,
c'est-à-dire en l'année 1665, le Conseil de la ville d'Arles
publia le réglement que voici : « Aucune personne
étrangère, de quelque qualité et condition que ce soit,

qui n'ont ni biens, ni domicile dans cette ville d'Arles ou son terroir, ne pourront faire dépaître aux pâtis, pâturer ou esplécher. Ceux qui ont des biens en Crau mais qui n'y demeurent pas, ne pourront faire dépaître que les bestiaux que leurs fermiers ont sur lesdites terres; pour les autres, ils seront traités comme les étrangers. »

On pourrait dire que ce réglement est encore en vigueur aujourd'hui ; il suffit d'être habitant d'Arles pour pouvoir user de l'Esplèche. Habitant d'Arles, cela s'entend d'un habitant de la ville ou de son terroir.

A l'origine, les citadins pouvaient seuls user de l'Esplèche ; mais de bonne heure, cette faculté fut accordée aux ruraux. Une charte de 1150 permit l'Esplèche aux habitants de Trinquetaille (faubourg d'Arles sur la rive droite du Rhône) et ceux de Saint-Martin de la Palud (de Crau) obtinrent, en 1298, la même faveur. Aujourd'hui, tous les habitants d'Arles et de son terroir peuvent user de l'Esplèche.

Mais je crois que cette qualité d'habitant ne peut appartenir qu'à ceux qui font du territoire d'Arles leur résidence habituelle ou tout au moins principale. Le fait seul d'être propriétaire à Arles ne suffirait point. Le réglement de 1665 est formel. Le droit d'esplèche est attaché au fait de l'habitation et non à la propriété. Une résidence accidentelle ou passagère ne saurait donner ce droit.

C'est, d'ailleurs, aux tribunaux qu'il appartient de décider, suivant les cas, si le prétendant à l'usage est ou non habitant d'Arles.

Dans la nouvelle édition des « Usages locaux des Bouches-du-Rhône » nous lisons, non sans quelque surprise, que le fermier d'un bien sis au terroir d'Arles jouit de l'Esplèche par *délégation* du propriétaire ; c'est évidemment une erreur. Comment le propriétaire, non résidant, pourrait-il déléguer un droit qui ne lui appartient pas ? Le fondement de l'habilitation du fermier à bénéficier de l'Espléche, c'est sa propre qualité d'habitant d'Arles.

La commune d'Arles, dans un intérêt purement pécuniaire, a pris l'habitude de se montrer très large dans la délivrance des cartes d'*esplèche* (récépissés de la taxe autorisant l'exercice de la vaine pàture), qui sont pour elle une source de revenus. Elle en délivre aux fermiers des herbages d'hiver, sans se préoccuper s'ils résident ou non dans la circonscription communale. C'est à tort.

Aucune autre condition que la résidence n'est imposée aux usagers de l'Esplèche. Tous les titres anciens en font foi. On a donc peine à s'expliquer la prétention élevée récemment par la Compagnie agricole de la Crau et des marais de Fos. Cette compagnie, possesseur de biens assujettis à l'Espléche, prétend imposer des conditions inconnues jusqu'ici. Elle exige : 1° que le troupeau passe la nuit dans les bergeries des Coussous, qu'il aura parcourus pendant le jour (pour que le fonds bénéficie du fumier) ; 2° que le troupeau ait hiverné sur le territoire de la commune ; 3° que le propriétaire du troupeau soit habitant d'Arles, et de plus, 4ᵉ qu'il ait son exploitation agricole dans la circonscription communale.

Dans la commune de Fos, où la Compagnie agricole de la Crau possède de vastes étendues de terrain ainsi que dans la Crau d'Istres, ces conditions sont en effet exigées ; mais il n'en est pas de même dans la Crau d'Arles. Le tribunal de paix du canton d'Arles-Est, par jugement du 14 juin 1897, a repoussé les prétentions de la Compagnie agricole de la Crau. Le Tribunal de Tarascon, sur appel, a confirmé le jugement dans les termes suivants :

« Attendu que M. le Juge de Paix déclare dans sa sentence que les deux premières conditions que la Compagnie de la Crau voudrait imposer à celui qui veut user de l'Esplèche ne résultent d'aucuns documents ni des usages ayant force de loi dans la commune d'Arles.

Attendu que les indications données par le premier juge sont corroborées par les renseignements fournis dans le manuel des usages locaux des Bouches-du-Rhône, édition de 1897, et celui de Tavernier, édition de 1859.

Qu'il y a lieu dès lors de décider que la Compagnie de la Crau n'est pas fondée à exiger que les troupeaux hivernent sur les terrains et passent la nuit dans les bergeries.

Attendu, sur le troisième point, que les réserves faites par la commune lors de l'aliénation de ses terrains, ont trait seulement aux habitants d'Arles considérés non point *ut singuli*, mais dans leur généralité, et ne sauraient par conséquent s'appliquer à d'autres personnes n'ayant ni exploitation, ni domicile dans la commune d'Arles ;

Que les réserves doivent être interprétées dans un sens limitatif; que l'on ne s'expliquerait pas, en se reportant au moment du contrat, que dans la pensée des parties cette réserve put bénéficier au premier venu n'ayant par lui ou ses fermiers aucune exploitation agricole ou, à défaut d'exploitation, aucun domicile dans la commune d'Arles.

Qu'à l'appui de cette opinion, les décisions intervenues et les documents produits se servent de l'expression : « *habitants d'Arles* » qui ne se comprendrait pas si, comme le soutiennent les défendeurs, la commune pouvait délivrer à toute personne ne remplissant pas l'une ou l'autre de ces deux conditions, une carte lui permettant d'exercer l'Esplèche, etc. » (Jugement du 31 mars 1898.)

Il suffit, par conséquent, pour avoir droit à l'Esplèche, d'être habitant d'Arles, mais l'obtention d'une carte d'esplèche délivrée par la commune d'Arles, ne dispenserait pas de cette qualité obligatoire.

Nous avons vu que les habitants d'Arles ne jouissent de l'Esplèche que pour le compte de la commune; ils n'auraient donc point qualité pour défendre sur une action qui menacerait l'existence de ce droit ou qui mettrait en cause ses modalités essentielles telles que sa durée, son étendue, etc... La commune, en ces divers cas, devrait intervenir dans le procès.

Les habitants sont obligés de se conformer aux réglements édictés par l'autorité municipale pour l'exercice du droit d'esplèche. Ils doivent notamment acquitter la taxe ; la carte qu'on leur délivre fait preuve qu'ils ont rempli cette obligation et détermine le nombre de têtes de bétail qu'ils peuvent faire pâturer dans la Crau ; mais elle ne fait foi que de cela.

On s'est demandé si les négociants en bestiaux qui ne s'adonnent point à l'élevage, et entre les mains de qui les troupeaux ne font pour ainsi dire que passer, peuvent, s'ils sont habitants d'Arles, bénéficier du droit d'Esplèche. — En thèse générale, on s'accorde à reconnaître que les droits de pâturage n'ont été établis que dans l'intérèt du bétail attaché à l'exploitation agricole ; l'agriculture seule doit en profiter, le commerce n'y a aucun droit. — J'estime cependant que cette règle ne saurait être admise en matière d'Esplèche. En fait, les *escabots* qui *battent* les coussous de la mi-carême à la Saint-Michel sont la plupart destinés à la vente ; d'ailleurs, c'est le sort commun de toutes les bêtes ovines. Le droit d'esplèche ne se comprendrait pas pour des bêtes de labour ; de quelle utilité serait-il pour les agriculteurs de la Camargue, s'ils ne pouvaient envoyer dans la Crau que leurs bêtes de labour?..... La question ne nous paraît pas discutable et d'ailleurs, elle ne se pose plus, l'usage favorable au commerce a fait loi.

Il existait autrefois une catégorie de pâtres qu'on appelait *nourrisseurs* ou *nourriguiers (noyriguerii)*. Leur industrie consistait à se charger, moyennant un prix déterminé, de la garde et de la nourriture des bêtes ovines. Ce genre de marché se faisait ordinairement pour une ou deux saisons, très rarement pour un temps plus long ou pour toute l'année. L'année pastorale se divisait en quatre saisons : *l'imprimage* (correspondant au printemps); *l'estivage* (en été); *l'automnage* et *l'hivernage.* Le nourriguier ne bénéficiait pas du croît ni de la laine, à moins d'une convention contraire ; il n'était pas responsable de la mortalité du bétail, si on ne pouvait la lui imputer à faute ; il devait seulement rapporter la dépouille des bêtes mortes.

Le nourriguier, fort commun autrefois, n'a pas entièrement disparu. Il est donc intéressant de savoir : 1° Si habitant d'Arles, il peut conduire à l'Esplèche un troupeau étranger à la localité. 2° Si étant étranger lui-même à la commune, il pourrait conduire à l'Esplèche un troupeau d'Arles.

Voici, je crois, la réponse à faire à ces deux questions : Le nourriguier n'est en somme, qu'un préposé, il n'acquiert aucun droit réel sur le troupeau qui n'a pas changé de maître; si donc ce maître est un étranger, les principes établis précédemment excluent ce troupeau de l'Esplèche. Si le maître est habitant d'Arles, il béné‑ficie naturellement d'un droit commun à tous les habitants d'Arles.

Dans la seconde hypothèse, s'il s'agit d'un troupeau d'Arles, qu'importe l'extranéité du berger ; c'est par rapport au maître et non par rapport au domestique ou préposé que doit se résoudre la question. Donc, un nourriguier étranger à la localité peut obtenir une carte d'esplèche au profit d'un troupeau d'Arles.

Quid pour le Cheptel ?

On sait que le cheptel est un contrat par lequel un propriétaire baille son troupeau pour un certain temps à un preneur ou *Cheptelier* moyennant une part dans le croît. Le preneur nourrit et garde le troupeau, lui doit tous ses soins, et, à la fin du bail, partage le produit avec le bailleur. Nous ne précisons pas davantage les caractères de ce contrat, parce que les conditions peuvent varier au gré des parties.

Quelle sera, au point de vue du droit d'esplèche, la condition juridique du troupeau baillé à Cheptel ? Notre réponse est la même que dans les deux cas précédents : le bail à cheptel n'est pas une vente et le troupeau n'a pas changé de maître. Si donc le maître est habitant d'Arles, le troupeau jouira du droit d'esplèche, quelle que soit la résidence du cheptelier. Supposons, au contraire, un cheptelier habitant d'Arles, cette qualité sera inopérante si le bailleur du cheptel est étranger à la localité.

Mais, objectera-t-on, dans l'hypothèse d'un cheptelier étranger conduisant un troupeau d'Arles, voilà donc un étranger qui va profiter de l'Esplèche. — Je ne le nie point, tout en faisant observer combien sera minime ce

6

profit, amoindri déjà par la taxe (qu'il doit supporter puisqu'il doit la nourriture au troupeau) et réduit en somme à une part dans un bénéfice aléatoire. Néanmoins et dans une certaine mesure, on peut dire qu'il en profite : c'est la conséquence légale des principes déjà posés. Jusqu'au partage en fin de bail, il n'est propriétaire d'aucune part du troupeau.. Le partage du croit opéré, son lot sera immédiatement déchu du bénéfice de l'Esplèche.

Les solutions ci-dessus ne me paraissent guère contestables ; mais la question est véritablement délicate s'il s'agit d'un *cheptel de fer* (art. 1821 du C. civ.) Par ce contrat, le propriétaire d'une ferme baille au preneur, en même temps que la ferme, un troupeau attaché à l'exploitation, et le preneur doit rendre, en fin de bail, un troupeau de valeur égale. Le troupeau est donc l'objet d'une estimation au commencement du bail, mais la loi a soin de déclarer que cette estimation n'en fait pas vente ; cependant le troupeau passe aux risques du preneur.

Deux hypothèses se présentent :

1° Le *bailleur à cheptel de fer* est étranger. Il a conservé la propriété du cheptel, la loi le dit formellement ; les raisons déjà déduites s'opposent donc à ce que le troupeau puisse user de l'Esplèche.

Je reconnais cependant que l'opinion contraire se défend bien : Qui donc, en réalité, va pâtir de cette privation ? C'est le preneur (que je suppose habitant d'Arles). N'est-ce pas contraire à la justice et même à l'esprit des Chartes qui ont constitué le droit d'esplèche. N'est-ce pas en contradiction formelle avec les intentions de ceux qui ont réservé ce droit ? L'intérêt même de l'industrie pastorale ne milite-t-il point en faveur du cheptelier de fer ?

L'argument est sérieux, j'en conviens, je ne crois pas cependant qu'il puisse prévaloir contre les arguments qui appuient la thèse contraire et que nous avons déjà développés. Il ne faut pas perdre de vue que parmi les intérêts engagés dans cette question, figure l'intérêt du propriétaire grevé ; ce dernier pourra toujours s'opposer à cette intrusion qui serait pour lui une véritable aggravation de cette servitude. Cette raison me paraît sans réplique. On peut, d'ailleurs, se rassurer sur les conséquences de notre décision; elles sont moins rigoureuses pour le cheptelier qu'on n'est tenté de le croire de prime abord. Je me représente difficilement; en effet, un propriétaire assez peu avisé pour ne pas escompter d'avance dans un bail à cheptel le plus ou moins de facilités que trouvera le fermier pour la nourriture du bétail ; le prix des pâturages est un des éléments essentiels de la valeur vénale des troupeaux. Tenons donc pour certain que la valeur du droit d'esplèche entre en ligne de compte dans l'estimation du cheptel et que, finalement, c'est le cheptelier qui la paye ; s'il ne bénéficie pas de l'Esplèche, il n'a donc pas à la payer. Ce doit lui être une consolation.

La solution que nous proposons n'a donc rien de bien rigoureux ; elle est applicable à tous les cheptels.

Que faut-il décider de la « *gardi* » ou « *gardio* », c'est le nom qu'on donne à ce petit nombre de brebis que certains bergers possèdent en propre et qu'ils nourrissent sur le troupeau et aux frais du maître à titre de gratification ou de supplément de salaire. La *gardi* jouira-t-elle de l'Esplèche comme le troupeau ? La réponse découle des principes déjà posés. Oui, si le berger propriétaire de la *gardio* jouit de la qualité d'habitant d'Arles ; non, s'il est étranger.

Une dernière question à examiner : *Quid* en cas de saisie ? Nous supposons un troupeau appartenant à un habitant d'Arles, mais saisi par un étranger ; pourra-t-il user de l'Esplèche ? Evidemment oui. La saisie n'est pas une vente ; elle dépouille le débiteur de certains droits sur la chose, mais elle n'opère pas translation de propriété. Le débiteur saisi reste toujours propriétaire, jusqu'au moment de la vente par autorité de justice.

Prenons l'hypothèse inverse et supposons un troupeau étranger, mis sous séquestre à la requête d'un Arlésien; le créancier saisissant ne devient pas, *ipso facto*, propriétaire du troupeau saisi; ce dernier, resté propriété d'un étranger, ne bénéficie pas du droit d'esplèche.

En résumé, la faculté d'exercer l'Esplèche n'appartient qu'aux habitants d'Arles.

Ne peuvent se dire habitants d'Arles que ceux qui ont leur résidence principale dans cette ville ou dans son terroir ; le seul fait d'y être propriétaire ne suffit pas pour leur attribuer le titre d'habitant.

Ne peuvent être envoyés à l'Esplèche que les troupeaux appartenant à des Arlésiens.

CHAPITRE VII

DROITS DU PROPRIÉTAIRE GREVÉ

Le propriétaire d'un fonds soumis à l'Esplèche se trouve assujetti à une lourde servitude. Subir sur son propre fonds une dépaissance établie au profit d'autrui est une atteinte grave à son droit de propriété autant qu'à ses revenus.

On conçoit son inclination à s'en plaindre et sa tendance à s'en affranchir.

D'autre part, le droit et l'équité nous commandent d'interpréter ses obligations dans le sens le plus restrictif. « *Odiosa restringenda* ». Telles sont les considérations qui se présentent à l'esprit en abordant l'examen des droits et des obligations du propriétaire grevé.

Ces obligations peuvent se résumer en cette courte formule : Subir la servitude et ne rien faire pour l'entraver. C'est un rôle purement passif. — Ses droits sont moins sommaires : en général, ce sont les droits de tout propriétaire grevé d'une servitude ; le Code a pris soin de les détailler, nous croyons inutile de les rappeler dans cette étude toute spéciale.

Nous ne voulons étudier que ceux qui se rattachent spécialement à la question de l'Esplèche.

Demandons-nous, d'abord, si le propriétaire pourrait, en temps d'esplèche, donner son fonds à bail à un étranger (j'entends par étranger, tout individu n'ayant point sa résidence principale à Arles). On va me dire : « pourquoi non ? L'assujétissement à la servitude n'enlève pas au propriétaire l'usage du fonds. Un tel bail serait donc valable *salvo jure servitutis* ». — Ce n'est pas mon avis. Nous sommes en présence d'une matière spéciale, toute traditionnelle, il faut consulter la tradition. C'est par les titres et c'est aussi par l'usage immémorial que la tradition va se révéler.

Le titre, nous le savons déjà, s'en réfère aux anciens usages. La réserve insérée dans les actes d'aliénation porte que les habitants d'Arles auront le droit de faire bois et mener dépaître suivant l'*ancienne faculté d'esplèche*. Or, l'ancienne Esplèche était réservée aux seuls habitants d'Arles. Les anciennes ordonnances interdisent formellement aux étrangers la dépaissance des pâtis de la mi-Carême à la Saint-Michel ; la même règle a constamment été suivie après les aliénations; le réglement de police de 1665, déjà cité, s'en explique catégoriquement : « Aucune personne estrangière de quelque qualité ou condition que ce soit, ne pourra faire paître aux pâtis, pâturer ou esplécher; ceux qui ont des biens en Crau, mais qui n'y demeurent pas, ne pourront faire dépaître que les bestiaux que leurs fermiers ont sur les dites terres. » La question des propriétaires étrangers se trouve là formellement posée et résolue ; elle semble

même tranchée dans un sens trop rigoureux qui dépas--
serait les bornes de la justice ; car si l'on s'en tenait à
la lettre, on pourrait croire que les propriétaires étrangers
n'avaient pas même le droit, en temps d'esplèche,
d'envoyer leurs propres bestiaux sur leur propre fonds.
Ce serait évidemment excessif et tel n'est pas, à notre
avis, le sens du texte précité. Il faut l'interpréter comme
suit : Le propriétaire étranger ne peut envoyer à l'Esplèche que le troupeau de son fermier.

Que faut-il conclure de là ? Ce n'est pas que le propriétaire étranger se trouve privé pendant la saison de
l'Esplèche du droit de dépaissance sur son propre fonds.
C'est qu'il ne peut pas faire de ce droit l'objet d'un bail
ou d'une cession. Céder ce droit, ce serait méconnaître
un des caractères essentiels de l'Esplèche : son caractère
restrictif. Ce serait un moyen détourné d'octroyer cette
faculté de vaine pâture à ceux à qui le titre constitutif
l'a formellement refusée ; ce serait une atteinte au droit
de la commune, qu'elle priverait d'une taxe qui lui appartient ; ce serait un trouble à la jouissance des habitants
par l'intrusion d'une véritable concurrence.

Quant au propriétaire habitant d'Arles, on ne saurait
évidemment lui contester le droit, en temps d'Esplèche,
de nourrir son troupeau sur le fonds assujetti qui lui
appartient ; mais, pour les raisons déjà déduites, il ne
saurait céder son droit à un étranger.

Ce droit, dont il usera ainsi en temps d'esplèche, ce
sera un droit de propriété et non un droit d'usage, on

ne peut donc, pour cela, le soumettre à la taxe de l'Esplèche. C'est, d'ailleurs, l'opinion des juriconsultes de 1642 : « La commune a le droit de percevoir une taxe pour l'Esplèche ; mais pour les colloqués (ou acheteurs), ils auront le droit de faire paître sur leur fonds sans rien payer, pourvu qu'ils restent sur leur fonds. »

Ainsi donc, tant que le propriétaire reste sur son propre fonds, il ne jouit pas de l'Esplèche, mais s'il conduit son troupeau sur le fonds voisin, il doit acquitter la taxe et se conformer au règlement.

Le propriétaire du fonds grevé a le droit de le défricher; il peut changer ses assolements et ses cultures ; il peut s'exonérer de l'Esplèche par le cantonnement ou le rachat, tous droits bien autrement importants pour lui que ceux que nous venons de passer en revue : mais à raison de leur importance même, nous croyons devoir leur réserver un chapitre spécial.

Ajoutons, enfin, qu'il n'a pas le droit de se clôre. Nous le démontrerons ci-après.

CHAPITRE VIII

EXERCICE DU DROIT D'ESPLÈCHE

Le droit d'esplèche s'exerce principalement par le pâturage ; le bûcherage, dont nous parlerons ci-après, n'en est que l'accessoire obligé.

L'herbe est très courte dans les coussous et croît entre les cailloux ; elle ne pourrait être fauchée ; elle n'est donc utilisable que par la dépaissance. La Crau inculte, ou pâtis, est un excellent pâturage pour les moutons et les chèvres qui peuvent brouter cette herbe courte ; les autres animaux y trouveraient difficilement leur nourriture. Il existe, cependant, sur la lisière de la Crau, des terrains bas et marécageux également assujettis à l'Esplèche, et sur lesquels poussent des herbes aquatiques, dont les chevaux et les taureaux *Camargues* se repaissent volontiers.

D'après les rôles de taxe publiés par la municipalité d'Arles, le nombre des bêtes ovines qui profitent de l'Esplèche varie de 30 à 35 mille ; il faut y ajouter les ânes des bergers et quelques centaines de chevaux indigènes et un nombre à peu près égal de taureaux.

Les habitants qui veulent conduire leurs troupeaux à l'Esplèche doivent en faire la déclaration à la Mairie ; ils ont, en outre, à acquitter une taxe annuelle ou capitation de 10 centimes par tête de menu bétail (brebis ou chèvres), et 1 franc pour les bêtes bovines ou *rossatines*. Une carte d'*Esplèche* leur est délivrée, qui constate à la fois le paiement de la taxe et le nombre d'animaux admis à l'Esplèche. Nous avons déjà dit que cette carte, délivrée souvent sans vérification suffisante de la qualité de l'impétrant, ne crée qu'une présomption de capacité juridique ; les habitants d'Arles seuls peuvent la mettre à profit. Ils doivent l'exhiber à toute réquisition des agents municipaux chargés du contrôle de l'Esplèche.

Nous estimons que le droit d'esplèche implique nécessairement le droit d'abreuvoir. L'eau n'abonde pas dans la Crau et, sur bien des points, l'interdiction d'abreuver rendrait illusoire le droit de dépaissance. Ce droit d'abreuvoir ne paraît pas contesté, d'ailleurs ; il s'exerce aux mares et puisards, naturels ou artificiels (*pouseraco*), ainsi que sur les anciens puits creusés à cet effet depuis des siècles par la commune d'Arles.

Nous admettons également le droit pour les bergers d'établir des parcs sur les coussous pour enfermer et abriter leurs troupeaux pendant la nuit. Ces parcs sont formés avec des claies mobiles (*cledo de pargue ou tavello*), ou des barrières mouvantes (ou *feurres = fourre* dans l'idiome local) rembourrées de roseaux et de litière des marais. Les propriétaires ne songeront jamais à s'en plaindre, puisque leur fonds bénéficiera du fumier ; nous venons même de voir que la Compagnie agricole de la Crau prétend imposer comme obligation cette faculté de parcage.

Mais le droit d'esplèche ne comprend pas, selon nous, le droit de *panage* ou *glandée* dans les bois de la Crau. On ne peut donc introduire des porcs dans les bois soumis à l'Esplèche, à moins que l'on ne soit propriétaire du fonds.

Il nous reste à voir, maintenant, sur quels terrains s'exerce l'Esplèche.

Nous savons que depuis l'arrêt de 1621, la Crau est divisée en deux parties : l'une soumise à l'Esplèche, l'autre exempte de cette charge.

L'arrêt de 1621 exempte de l'Esplèche les domaines des Quatre-Chapelles, savoir : Saint-Pierre de Galignan, Notre-Dame-de-Loulle, Saint-Martin-de-la-Palud, Saint-Hippolyte et le ténement de Lebrate.

En 1636, M. de Papus, conseiller au Parlement de Toulouse, vint lui-même planter des bornes, qui forment la limite entre le domaine « *aparant* » ou défendu et la Crau soumise à l'Esplèche. On voit encore, aujourd'hui, ces bornes, elles ont été restaurées, mais la limite est toujours celle indiquée en 1636.

Le pâtis de Moulès est également affranchi de l'Esplèche ; c'était depuis 1640 le dernier pâtis communal de la Crau, lorsqu'il fut aliéné par la commune en 1863, sans aucune réserve du droit d'esplèche. On a vu depuis lors, et notamment en 1884, le caractère *aparant* du pâtis de Moulès consacré et protégé par des décisions de justice.

La commune a accepté le rachat de cette servitude sur certaines propriétés, mais la plus grande partie de la Crau d'Arles demeure encore assujettie à notre antique vaine pâture.

Nous avons vu que l'Esplèche ne porte que sur les produits de la nature sauvage, c'est-à-dire sur les produits naturels du sol; elle s'arrête devant toute culture.

Les terres exemptes de l'Esplèche sont celles énumérées dans le règlement municipal de 1759, encore en vigueur aujourd'hui et ainsi conçu : « Les terres où l'Esplèche ne pourra avoir lieu sont celles qui seront complantées contiguëment en vignes, amandiers ou mûriers, ou qui seront mises en culture et ensemencées. Le bétail ne pourra entrer dans les terres ensemencées que 8 jours après que le blé aura été coupé. »

Il résulte de ce texte que parmi les terres cultivées, les unes sont pour toujours exemptes de l'Esplèche, les autres n'en sont affranchies que momentanément.

Sont affranchis définitivement les terrains complantés en vignes, amandiers ou mûriers, pourvu, toutefois, que la plantation ait été faite contiguëment, c'est-à-dire sans lacunes ni solutions de continuité (Il va sans dire qu'un chemin tracé pour les besoins d'exploitation ne constituerait pas une solution de continuité).

Les prairies artificielles, les terres soumises à l'arrosage, les jardins sont également défendus ou *aparants*.

En thèse générale, tout terrain chargé de récolte est défendu.

Dans les terres ensemencées, les troupeaux ne peuvent pénétrer que 8 jours après l'enlèvement de la récolte. La jurisprudence a assimilé aux terres ensemencées les champs couverts d'une récolte « *renardive* ». On appelle récolte renardive, celle qui repousse dans l'arrière-saison et qui provient ordinairement de céréales égrenées par le vent dans les chaumes ou tardives à grainer. Il arrive, en effet, assez fréquemment, particulièrement pour l'avoine, qu'une partie de la semence germe tardivement et après la moisson, donnant ainsi une seconde récolte. Evidemment, on ne saurait assimiler ces productions tardives de la culture aux produits de la nature sauvage.

Nous avons déjà dit que le droit d'esplèche ne s'exerce que de la mi-Carême à la Saint-Michel.

CHAPITRE IX

MODES D'AFFRANCHISSEMENT DU DROIT D'ESPLÈCHE

En principe, la servitude d'Esplèche est perpétuelle, mais le propriétaire a certains moyens de s'en affranchir. Il a, d'abord, la faculté de rachat ; il a, aussi, le cantonnement, le défrichement et, enfin, la prescription libératoire par le non-usage.

Examinons séparément ces divers moyens d'extinction de la servitude.

Le rachat, c'est l'exonération à prix d'argent. Le cantonnement, c'est une sorte de *datio in solutum* consistant dans l'abandon en pleine propriété d'une partie du fonds grevé pour affranchir le restant ; c'est, qu'on nous passe cette comparaison triviale, le sacrifice d'un bras pour dégager le corps.

Ce rachat et ce cantonnement se traitent de gré à gré, en vertu de ce principe que ce qu'un contrat a fait un contrat peut le defaire. La commune d'Arles a souvent autorisé le rachat de l'Esplèche. Nous avons aux archives une foule d'actes qui en font foi, avant comme après les aliénations de 1640. Mais je n'ai trouvé aucun exemple d'exonération de l'Esplèche par voie de cantonnement.

Jusqu'en 1791, la commune avait toute liberté d'accepter ou de refuser les offres de rachat qui lui étaient faites; en 1791, le législateur est venu consacrer un autre principe.

En thèse générale, l'extinction d'une servitude peut toujours se faire de gré à gré par le rachat ou le cantonnement ; mais qu'arrivera-t-il si l'une des parties s'y oppose ? La loi de 1791 soumettait sur ce point l'usager de la servitude à subir la volonté du propriétaire grevé, l'extinction de la servitude était de droit quand l'assujetti voulait se racheter. Le tribunal statuait sur le *quantum* de l'indemnité après une expertise obligatoire.

La loi du 28 août 1792 vint apporter une modification aux droits respectifs des parties : elle attribuait à l'usager le droit de forcer le propriétaire à se racheter par un cantonnement. Elle laissait toutefois, à ce dernier, la faculté d'obliger l'usager à subir le cantonnement ou le rachat dans les conditions de la loi de 1791.

Obliger le propriétaire grevé à se racheter par le cantonnement, c'est-à-dire par l'abandon d'une partie de son fonds, était une grave atteinte au droit commun. On permettait à l'une des parties de se délier *ad nutum* et d'imposer sa volonté à l'autre. Bien plus, on expropriait le propriétaire au profit de l'usager qui pouvait ainsi, à son gré, convertir en droit de propriété une simple faculté ou un simple droit de servitude.

Au point de vue de l'usager, l'inconvénient n'était pas moindre : il pouvait avoir intérêt à conserver l'intégrité de ses droits de dépaissance et à ne pas en amoindrir l'étendue territoriale ; il pouvait préférer une servitude vaste à la pleine propriété d'un fonds restreint; l'obliger à subir la volonté du propriétaire grevé, n'était-ce pas aussi une atteinte portée au droit commun ? N'était-ce pas, aussi, permettre à l'une des parties de se dégager *ad nutum* et malgré l'autre des liens d'une convention librement formée ?

La seule raison d'une législation, disons le mot, si absolue et si radicale et d'une dérogation si hardie au respect dû aux conventions, c'était la volonté de favoriser la libération des héritages.

Les art. 7 et 8 de la loi de 1791 ne prévoyaient, toutefois, que le cas où le bénéficiaire de la servitude est un simple particulier ; on pouvait donc se demander si l'action en rachat ou en cantonnement était opposable à une commune. Grande controverse sur ce point ; la loi de 1889-90 y a mis fin en assimilant la commune à un simple particulier.

On peut donc, aujourd'hui, forcer la commune à subir le rachat ou le cantonnement.

Mais la nouvelle loi n'a pas maintenu à l'usager le droit exhorbitant que lui avait donné le législateur de 1792 ; l'usager ne peut plus obliger au cantonnement le propriétaire grevé.

Dans le système actuel, l'expertise est toujours obligatoire pour le rachat quand les parties ne peuvent s'entendre ; la loi ne la prescrit point en matière de cantonnement. Cette différence ne peut s'expliquer que par un oubli du législateur. En effet, elle serait difficile à justifier, l'évaluation dans le cantonnement étant beaucoup plus malaisée. Néanmoins, ce silence ou cette lacune de la loi autorisent les tribunaux à s'éclairer par tous autres moyens que par voie d'expertise, et même à supprimer cette mesure d'instruction souvent coûteuse.

Puisqu'on peut si facilement s'exonérer de la vaine pâture, il semble que le droit d'esplèche n'ait pas bien longtemps à vivre et que les propriétaires ne tarderont pas à se débarrasser d'une charge qui grève si lourdement leur fonds. Il est bien certain, d'après la loi de 1890, qu'ils peuvent obliger la commune à leur consentir le rachat. Mais on peut se demander si la commune de son côté ne sera pas fondée à opposer le principe de l'indivisibilité des servitudes. Le législateur de 1791 et celui de 1890 ont laissé la question entière.

La jurisprudence a eu à se prononcer sur l'application de ce principe aux droits d'usage, mais elle a varié. Elle s'est prononcée tantôt pour tantôt contre l'indivisibilité : un arrêt de cassation du 13 avril 1829 admet la divisibilité des servitudes de pacage, un autre de la cour suprême en date du 11 avril 1880 proclame au contraire l'indivisibilité (1) ; c'est l'état actuel de la jurisprudence, elle est contraire à l'esprit de législation de 1791 et de 1792 et même de 1890 si favorable à la libération des héritages.

(1) S. 1839.1.742. — D. 80.1.248.— Agen, 25 mars 1892.— D. 92.2.193.— D. 94.1.636.

Le principe de l'indivisibilité nous paraît le plus juridique. L'hèritage primitif grevé de la servitude a été divisé et morcelé ; il n'en est pas moins vrai que la servitude subsiste « *tota in toto et tota in quâlibet parte* » ; elle n'a été ni morcelée ni divisée, elle demeure intacte et le partage, en regard de l'usager, a été *res inter alios acta.*

A cette raison de droit s'est jointe une considération pratique : un rachat partiel créerait trop souvent les situations les plus embrouillées et les plus incohérentes ; le fonds primitif deviendrait une sorte de damier dont les cases seraient soumises à des régimes différents ; dans bien des cas l'exercice de la servitude serait impossible ; il y aurait là certainement une source de contestations, de rancunes et de procès entretenue par le spectacle de ces inégalités choquantes. Il n'est pas besoin d'insister sur les inconvénients d'une pareille situation.

Appliquant au droit d'esplèche ce qui vient d'être dit des servitudes en général, nous répondrons à la question posée : Oui, la commune a le droit d'exciper de l'indivisibilité de la servitude d'esplèche. L'indivisibilité, c'est le droit commun en matière de servitude, la jurisprudence l'a proclamé ; sur quoi se fonderait-on pour créer une dérogation en matière d'Esplèche ? sur la loi ? Elle ne dit rien. Sur les principes généraux du droit ? A ce point de vue ils sont les mêmes, qu'il s'agisse d'une servitude réelle visée par le code ou d'une vaine pâture conventionnelle : la charge tout entière pèse sur le fonds tout

7

entier et chaque parcelle du fonds y est assujettie. Tel est le droit commun.

Il est vrai qu'en matière de vaine pâture, le législateur a apporté une grave dérogation au respect dû aux conventions, en permettant au propriétaire du fonds asservi de s'exonérer par le rachat malgré la volonté contraire de l'usager. Mais cette disposition toute spéciale et en quelque sorte exceptionnelle résulte d'un texte formel qui fait défaut au système de la divisibilité de la servitude d'Esplèche.

Dans le silence de la loi, nous sommes obligés de nous en tenir au droit commun et de décider que la commune d'Arles peut repousser une offre de rachat partiel.

Si l'opinion contraire venait à triompher, ce serait la fin de l'Esplèche. Le jour où la Crau serait divisée en parcelles *aparantes* et en parcelles asservies, l'exercice de l'Esplèche déviendrait impossible. L'herbe qui pousse naturellement dans la Crau est très courte et peu abondante; il faut de vastes espaces pour fournir à un troupeau une dépaissance suffisante.

Nous avons dégagé le principe; étudions en l'application.

Un propriétaire veut s'affranchir et offre le rachat, la commune lui répond : « Je refuse un rachat partiel, je n'accepte point la division de la servitude, il faut racheter le tout » — Que faut-il entendre par là ? S'agit-il de la servitude tout entière, de telle sorte qu'il n'y ait de possible qu'un rachat unique, une exonération générale et simultanée de tous les fonds asservis ? — Tel n'est pas notre avis :

Nous avons vu comment a été établi le droit d'esplèche : chaque fois que la commune aliénait un pâtis, elle réservait au profit de ses habitants le droit de pâturage et de bûcherage. La servitude résulte non point d'un titre unique, mais d'une série d'actes séparés, de telle sorte que l'on pourrait dire qu'il y a autant de servitudes que d'actes distincts. L'indivisibilité ne s'applique, selon nous, qu'à l'exonération des parcelles comprises dans le même acte d'aliénation. Il faudra donc rechercher quelle était la consistance du fonds primitif au moment de son aliénation par la commune, et savoir de quelle façon l'ancien communal a été morcelé ; toutes les parcelles formées par le démembrement d'un fonds unique ne pourront être rachetées que collectivement et en bloc. Telle est, à notre avis, l'application à faire du principe de l'indivisibilité de la servitude.

Dans tous les cas où la commune pourra produire l'acte d'aliénation, cette application ne présentera pas de grandes difficultés. Il peut en être différemment si la commune est dans l'impossibilité de produire ce titre et n'établit le fondement de son droit que sur l'usage immémorial. Que décider en ce cas ? La question est absolument neuve, s'il m'est permis d'en juger par l'inutilité de mes longues et persévérantes recherches. Ce n'est donc pas sans quelque hésitation que je vais tenter de résoudre cette difficulté.

Il me paraît évident que par l'usage immémorial, la commune n'a pas acquis une charge unique sur toute la Crau ; autant il y avait de fonds distincts, autant elle a acquis de servitudes distinctes. Cela ne ferait pas doute si le titulaire de la servitude était un simple particulier. La commune, être moral, est, au point de vue de son domaine privé, comme un simple particulier ; il n'y a donc pas de différence à faire et la solution est la même.

Mais comment distinguer aujourd'hui les propriétés sur lesquelles l'Esplèche s'est exercée séparément ? Comment retrouver et reconstituer leur consistance primitive ? Comment s'assurer que cet usage immémorial n'a cessé de porter depuis l'origine, sur des fonds constitués toujours des mêmes éléments ? Evidemment ce n'est pas chose facile. On peut y parvenir cependant avec une approximation suffisante pour rassurer les intérêts en jeu.

Pour la commodité de la démonstration, déblayons d'abord la question de tout ce qui a trait aux morcellements postérieurs à 1804. A cette date, tout ce que l'usage immémorial a fait entrer dans le patrimoine privé de la commune lui est définitivement acquis et la communauté n'a pu, depuis lors, acquérir par l'effet du laps de temps aucune servitude semblable.

Il faut donc placer la question à cette date de 1804. Il ne saurait y avoir de sérieuses difficultés, grâce aux minutes des notaires, à reconstituer l'état du morcellement à cette époque.

Que si quelqu'un, la commune ou tout autre intéressé, prétend qu'il faut remonter plus haut et que des morcellements se sont produits avant cette date, mais postérieurement à une époque où l'usage immémorial déjà acquis avait fixé définitivement les droits de la commune, celui-là devra faire la preuve de son allégation ; tant que cette preuve ne sera pas faite, la date de 1804 demeurera le point de départ et la base inébranlable du système qui doit prévaloir.

Observons, d'ailleurs, que la Crau inculte, la seule mise à l'Esplèche, est très peu morcelée. Elle l'était moins encore en 1790, alors qu'elle appartenait presque en entier aux communautés religieuses On sait que les biens de l'Eglise furent vendus comme biens nationaux; les cahiers des charges et procès-verbaux d'adjudication existent encore ; voilà des documents qui rendent très possible, sinon facile, l'application du système que nous préconisons.

On sait, d'ailleurs, que les maisons religieuses amassaient, mais n'aliénaient guère ; les aliénations étaient contraires à l'esprit de leurs Constitutions (1). En général, leurs biens étaient de *mainmorte*, ce qui faisait obstacle aux morcellements. Ce sont ces maisons religieuses qui furent les premiers acquéreurs de nos communaux. Il y a donc les plus grandes présomptions, à défaut d'une certitude absolue, que les morcellements ont été rares

_____

(1) Elles ne consentaient, en général, que des baux emphytéotiques, sur leurs domaines de Crau.

avant 1790, et que les fonds asservis sont restés les mêmes au point de vue de la consistance pendant toute la durée de la prescription.

En résumé, toutes les fois que la commune pourra présenter le titre constitutif de l'Esplèche, c'est lui qui fera foi de la consistance du fonds qui ne peut être exonéré partiellement.

En l'absence de ce titre, il faudra s'en rapporter à l'état de choses existant en 1804, c'est-à-dire au moment de la promulgation du Code civil. Sauf cependant le droit de la commune ou de toute partie intéressée à faire la preuve d'un morcellement antérieur à cette date et postérieur à l'époque où la prescription *longi temporis* a fixé les droits de la communauté.

Cette solution n'est pas à l'abri de toute critique; nous serions heureux qu'on put en trouver une meilleure ; nous n'en connaissons pas de plus juridique et de plus rationnelle.

Nous avons parlé d'une preuve à faire ; il n'est pas toujours aisé de discerner à qui en incombe le fardeau. En principe, c'est la partie qui allègue un fait contraire à l'état normal ou à l'ordre naturel des choses, qui doit prouver l'exactitude de son allégation.

Prenons le cas d'un propriétaire asservi proposant le rachat de l'intégralité de son fonds. Si la commune prétend que cette offre est insuffisante comme ne portant point sur la totalité du domaine primitif ; si, en d'autres termes, elle allègue que le fonds qu'on veut racheter n'est qu'un démembrement du bloc aliéné jadis par elle et qui ne peut être exonéré partiellement, c'est à elle qu'incombe la preuve d'une pareille affirmation, contraire à l'état actuel et à l'apparence des choses.

Supposons, au contraire, un propriétaire qui ne propose le rachat que d'une partie des fonds grevés qu'il détient ; la présomption de fait lui est contraire, car tout porte à croire que ce bloc réuni dans une même main fait l'objet d'une seule et unique servitude d'esplèche. Il devra prouver que ce bloc n'est qu'une agrégation de parcelles d'origines diverses, réunies postérieurement à la constitution de la servitude.

On voit, par ce qui précède, que le droit d'esplèche n'est pas près de disparaître de la Crau, grâce à cette exception d'indivisibilité que la commune opposera toutes les fois qu'elle le jugera utile, et qui sera la meilleure sauvegarde de ses intérêts en cette matière.

Le droit d'esplèche, qui ne peut plus aujourd'hui s'acquérir ni par la prescription, ni par l'usage immémorial, peut se perdre par le non-usage. Cela n'est pas douteux.

Le non-usage pendant trente ans suffirait pour faire perdre aux Arlésiens le droit d'esplèche.

Nous voyons encore ici apparaître le principe de l'indivisibilité des servitudes. La Cour d'Aix en a d'ailleurs fait une application dans son arrêt de 1857 (affaire Lurin). Elle a dit: « Le droit des habitants est un droit général établi sur tout le territoire de la Crau et ne se manifestant que par le fait individuel de ceux qui veulent en user, de sorte qu'on ne peut pas dire qu'il soit abandonné, tant qu'il est exercé par quelqu'un sur un point quelconque du territoire qui y est assujetti, et qu'aucun propriétaire ne peut se prévaloir pour s'en affranchir de ce que son coussou, en particulier, serait resté plus ou moins longtemps sans en subir l'exercice ».

Comme on le voit, le principe de l'indivisibilité de l'Esplèche est nettement posé dans cet arrêt ; il l'est même, à notre sens, d'une manière trop générale et trop absolue. L'arrêt n'établit pas cette distinction (qui, selon nous, s'impose) entre les fonds sur lesquels la servitude repose en vertu de titres distincts, je n'ose dire différents, et il conduit à une singulière conséquence : c'est d'identifier et de solidariser tous les fonds, à ce point qu'il n'y aura pas non-usage tant que la plus minime parcelle de la Crau d'Arles aura, ne fût-ce qu'une fois dans trente ans, supporté l'exercice de la servitude, et que, d'autre part, une servitude d'esplèche établie sur un fonds déterminé en 1640 et non exercée pendant plus de trente ans sera maintenue et conservée par l'usage d'une servitude d'esplèche établie sur un fonds différent, sis à dix kilomètres de là, et par un acte passé postérieurement avec un autre acheteur. Une pareille solution nous paraît inadmissible.

Dans notre système, il en sera pour le non usage comme pour le cantonnement ou le rachat, et cette généralité d'application est une preuve de l'exactitude du

principe. Il faudra rechercher la consistance du bloc pri
mitif, l'indivisibilité ne porte que sur les parcelles dé-
membrées du bloc. Nous rappelons que par *bloc primitif*, nous entendons l'ensemble des parcelles comprises
dans un seul et même acte d'aliénation par la commune, ou ne formant qu'un corps à l'époque où la servitude s'est trouvée acquise par l'usage immémorial.
(Voir ci-devant, pages 103 et suivantes).

Ainsi donc le non-usage sur une seule parcelle du bloc
n'affranchira pas le bloc tout entier et le non-usage sur un
seul bloc n'affranchira pas la Crau tout entière. D'autre part, l'usage d'un seul habitant d'Arles sur une parcelle unique du bloc privera le bloc tout entier du bénéfice de la prescription libératoire, mais il n'en privera
point le restant de la Crau.

Telles sont les conséquences du principe posé : L'indivisibilité de l'Esplèche ne réside que dans le bloc pri-
primitif.

Ajoutons, toutefois, que cette prescription libératoire
ne saurait résulter du seul fait du non-usage et c'est
à bon droit que l'arrêt précité exige une condition de
plus : l'adjonction formelle d'un fait qui donne à ce non-
usage un caractère volontaire et intentionnel. En effet,
l'Esplèche n'est, en somme, qu'une faculté ; les habitants d'Arles peuvent en jouir sans avoir à remplir au-
près des propriétaires assujettis aucune démarche ni
formalité ; de même ils peuvent *ad nutum* en interrom-
pre l'usage, s'en priver pendant un certain temps sans

avoir à déclarer leur intention. Or, un droit facultatif est imprescriptible : « *posse ire non jus sed, facultas et prœscribi non possunt ea quœ merœ sunt facultatis.* »

Quel sera donc le fait qui doit s'ajouter au non usage pour faire courir la prescription ? Ce sera un fait quelconque de contradiction, d'opposition ou de résistance à la servitude, devant lequel les usagers se seront arrêtés et auront cessé l'exercice du droit d'esplèche.

L'Esplèche s'arrête aussi devant le défrichement : nous savons que ce droit de pâturage ne porte que sur les produits de la nature sauvage et qu'il ne saurait s'exercer sur toute récolte que la main de l'homme aurait semée ou provoquée.

Avant le règlement de 1759, les terres défrichées n'étaient pas exonérées d'une manière complète, le droit d'esplèche pouvait s'y exercer après l'enlèvement de la récolte. Le rapport d'arpentage des coussous, en 1225, conservé aux archives communales, dit formellement que dans la Crau soumise à l'Esplèche, les prés ne sont plus défendus quand le foin a été recueilli. Nous avons trouvé des actes anciens constatant le rachat de l'Esplèche sur des parcelles complantées en vignes ou sur des prairies. Cela se comprend très bien ; la commune, en se réservant la vaine pâture, n'avait pas interdit les cultures ni les plantations.

Certains fonds de la Crau étaient soumis à un régime un peu spécial : c'étaient les biens inféodés par le clergé (en dehors des Quatre-Chapelles) antérieurement à 1561.

L'arrêt du Parlement de Toulouse de 1621, tout en déclarant que ces baux emphytéotiques avaient été consentis *à non domino,* avait pourtant, par une sorte de mesure transactionnelle ou d'expédient, maintenu les emphytéotes dans la possession des terres inféodées ; mais il avait restreint l'étendne des droits emphytéotiques. Nous avons déjà dit que ces emphytéotes ne pouvaient plus, aux termes de cet arrêt, défricher qu'une contenance strictement nécessaire à leurs besoins personnels, savoir : l'espace nécessaire à la plantation de la vigne et à la création du jardin qui devait leur fournir la subsistance.

Le règlement précité de 1759 unifia la situation en accordant à ces emphytéotes les mêmes droits qu'aux autres particuliers : il affranchit définitivement de la servitude de l'Esplèche les terres complantées en vignes, amandiers ou mûriers ; il maintint l'interdiction de ce droit de dépaissance sur les autres fonds non encore dépouillés de leurs récoltes.

Ce règlement n'a jamais été abrogé ; la loi de 1889-1890 déclare, dans son article 12, que la vaine pâture à titre particulier continuera à s'exercer conformément aux droits acquis.

Comment expliquer cette faculté laissée au propriétaire du fonds de se soustraire à la servitude de l'esplèche par la faculté de défrichement, et n'est-il pas permis de dire que c'est introduire dans la servitude d'esplèche une véritable condition potestative ? La réponse

est facile : la commune a voulu favoriser l'industrie pastorale, mais elle a cherché en même temps à concilier
l'intérêt, non moins respectable et non moins digne de
protection, de l'industrie agricole. Sans la faculté de défrichement introduite comme correctif dans l'exercice
d'une servitude extrêmement lourde, la Crau, couverte
aujourd'hui en grande partie de grasses prairies et de
riants vignobles, serait encore un vaste et triste désert.
La commune a très sagement discerné ses véritables
intérêts. C'est par le défrichement, bien plus que par le
rachat, que l'on peut concevoir dans un avenir très
lointain l'extinction du droit d'esplèche. Ce sera, sans
doute, une perte pour l'industrie pastorale, mais si la
Crau s'est transformée par ce fait en un vaste jardin
nourrissant une population agricole très dense, la commune d'Arles se sera assez enrichie pour n'avoir pas à
regretter son antique droit d'esplèche.

Les rédacteurs des *Usages locaux* du département
des Bouches-du-Rhône, dans l'édition de 1897, nous disent que le propriétaire assujetti à l'Esplèche peut aussi
s'en exonérer par la clôture. Je crois qu'ils éprouveraient
quelque embarras à justifier leur décision. Où sont les
précédents ? Où sont les preuves de l'usage qu'ils allè-
guent ? Sur quel fondement juridique ont-ils basé cet
avis ? Ce serait rendre, je crois, un grand service à la
commune, en même temps qu'aux propriétaires intéressés, de répondre à cette question qui peut donner matière à de gros et nombreux procès. J'avoue très hum-

blement que pour mon compte et en dépit de longues, patientes et minutieuses recherches, je n'ai rien trouvé, ni titres, ni documents de jurisprudence, ni précédents autorisés, ni raisons plausibles qui me permettent d'adopter ce prétendu usage local.

Je préfère donc m'en rapporter aux principes généraux du droit.

Cette faculté de se clore ne pourrait dériver que de deux sources : la tradition (l'Esplèche étant une matière toute traditionnelle) ou les nouvelles lois.

Consultons d'abord la tradition :

Les statuts de Provence ne permettaient pas de s'exonérer par la clôture d'une vaine pâture établie par titre. Nous ne saurions mieux faire que de citer à ce propos une consultation prise par la commune le 22 août 1719 et conservée aux archives communales. En voici la conclusion :

« On ne peut se soustraire ni par clôture, ni par *embarradure,* au droit d'esplèche, car si cela est permis dans la province, lorsque le droit de vaine pâture n'est qu'une simple faculté, on ne peut s'y soustraire lorsqu'il y a titre formel. » Signé : Ganteaume.

L'usage, à Arles, n'a jamais été contraire aux statuts précités. Les anciens règlements municipaux proscrivant les « *embarradures* », les procédures suivies contre ceux qui cherchaient par ce moyen à entraver l'exercice de la servitude en font pleinement foi.

On sait en quoi consistaient ces embarradures : c'était

une sorte de clôture formée d'un simple cordon d'arbres ou arbustes fermant l'accès du fonds asservi. C'était d'autres fois un alignement de quelques sillons tracés à la charrue et dans lesquels on jetait une maigre semence pour créer l'apparence d'une culture sérieuse. Il n'a jamais été admis que ces embarradures, ni aucun autre genre de clôture, puissent faire obstacle au droit d'esplèche. Les anciens règlements municipaux en ont, à diverses époques, prohibé l'établissement ou ordonné la destruction, et je ne crois pas que l'on trouve une décision de justice contraire à notre affirmation.

Voilà pour la tradition.

Consultons maintenant les lois nouvelles et la jurisprudence.

La loi de 1791 admettait bien qu'on peut se soustraire par la clôture à la *vaine pâture coutumière ;* mais l'amphibologie de son texte rendait incertain s'il était applicable à la vaine pâture conventionnelle (telle que notre droit d'esplèche). Une très grande controverse s'était élevée sur ce point et la jurisprudence et la doctrine avaient fini par se mettre d'accord et par déclarer que la clôture n'exonérait pas de la vaine pâture conventionnelle (1).

La loi de 1889-1890 s'est approprié cette solution

(1) Merlin : Questions de droit, v· Vaine pâture, § 1er. — Troplong : Prescription, t. I, n· 285. — Dalloz : Droit rural, n· 65 et suivants. — Cass., 1er juillet 1840, S.40.1.877. — Cass., 17 avril 1846, S.46.1.488. — Cass., 8 avril 1882, S.82.1.159.

d'une manière implicite en déclarant (art. 12) que les servitudes de vaine pâture établies à titre particulier continueront à s'exercer conformément aux droits acquis, et que le propriétaire grevé ne pourra s'en affranchir que par voie de rachat ou de cantonnement. Le texte ne mentionne pas la clôture comme moyen d'exonération.

Nous jugeons inutile de rappeler ici la démonstration déjà faite que notre droit d'esplèche est bien une servitude de vaine pâture établie à titre particulier ; elle est donc régie par l'article précité.

Par conséquent ni la tradition, ni la loi, ni la jurisprudence n'autorisent à dire qu'on peut se soustraire à l'Esplèche en se clôturant.

Il peut se faire qu'un héritage grevé devienne, par suite de défrichements opérés sur les fonds environnants, inabordable aux troupeaux usagers de l'Esplèche et soit en quelque sorte à l'état d'enclave. — La commune pourrait-elle, comme au cas d'enclave, exiger un passage à travers les terrains défrichés ?

La question ne pourrait se poser si les parcelles défrichées appartenaient au même propriétaire que le fonds enclavé. Evidemment il faudrait assimiler les défrichements à une *embarradure* et nous avons déjà établi qu'une *embarradure* ne constitue pas un obstacle légal à l'exercice de l'Esplèche. Mais nous supposons que le fonds grevé et enclavé n'appartient pas aux auteurs des défrichements.

L'article 682 du Code civil semble, en vérité, n'accorder la servitude d'enclave qu'au propriétaire enclavé ; mais la doctrine et la jurisprudence (1) s'accordent à l'étendre à tous ceux qui possèdent en vertu d'un droit réel l'usage du fonds. C'est à l'héritage enclavé plutôt qu'au maître qu'est attaché le bénéfice de la servitude d'enclave. Le droit réel de l'usager mérite la même protection que le droit du propriétaire. Cette opinion a été virtuellement consacrée par un arrêt de la Cour d'Amiens du 25 mai 1813 (2).

Il est hors de doute que le fermier d'un fonds enclavé n'a pas qualité pour intenter l'action d'enclave ; l'habitant d'Arles qui ne peut stipuler sur le fonds du droit d'esplèche doit être sous ce rapport assimilé au fermier.

La commune seule a le droit de réclamer le passage au cas d'enclave et moyennant une indemnité.

Qu'arriverait-il si la commune, faute d'user du droit que lui confère l'article 682, laissait subsister l'enclave pendant plus de 30 ans et se produire ainsi le cas d'une prescription par non-usage ? — Nous avons vu que le non-usage ne suffit pas par lui seul et qu'il a besoin du concours d'un fait de contradiction, d'opposition ou de résistance ; mais nous n'hésitons pas à reconnaître ce fait dans l'état d'enclave lui-même, qui constitue l'opposition la plus manifeste et la plus persistante à l'usage de l'Esplèche.

---

(1) Demolombe, t. II, p. 88. — Jousselin: Des servitudes d'utilité publique, t. II, p. 549. — Laurent, t. VIII, p. 100.

(2) S. 1814.2.98.

Les tendances séparatistes de certaines portions de la commune d'Arles (la plus vaste du territoire français) soulèvent une question importante qu'il est intéressant d'examiner et de résoudre.

Supposons un démembrement de la circonscription communale ; les habitants des quartiers ainsi détachés de la commune d'Arles continueraient-ils à jouir du droit d'esplèche ?

Il y a tout lieu de croire que la loi qui prononcerait ce morcellement ne négligerait pas d'en déterminer les conséquences, notamment au point de vue qui nous occupe. Cependant un oubli est toujours possible : supposons donc que la loi de morcellement fût muette sur le droit d'esplèche, que faudrait-il décider ?

Il semble au premier abord qu'en cessant d'être habitant d'Arles, on doit perdre les droits inhérents à cette qualité. Cependant la jurisprudence s'est constamment prononcée dans le sens contraire, en matière de droits d'usage analogues à notre esplèche. Elle estime que les habitants ont sur les communaux (biens fonds ou droits d'usage) des droits acquis, droits mal définis, si l'on veut, mais dont un changement de circonscription administrative ne saurait les dépouiller. Il a été décidé, constamment, qu'une section de commune distraite de son chef-lieu pour être ajoutée à une autre commune, ne perd pas ses droits sur les communaux de la ville dont elle est séparée, et que, de même suite, par le fait de l'annexion, elle n'acquiert aucun droit sur les communaux de sa nouvelle circonscription communale (1).

Il en a été jugé de même pour l'érection d'un hameau en commune. Il est de règle en pareil cas de faire supporter au hameau distrait de son ancienne circonscription administrative, une partie de la dette communale : il est donc juste de lui faire une part dans l'actif communal comme on lui fait une part dans le passif.

Prenons un exemple qui rendra plus claire l'application de ces principes.

Depuis longtemps l'agglomération de St-Louis du Rhône, qui confond peut-être un peu trop ses intérêts avec ceux de la compagnie qui lui donna naissance, réclame son détachement de la commune d'Arles et son érection en commune distincte. Supposons pour un moment ses désirs réalisés : voilà St-Louis du Rhône chef-lieu d'une nouvelle circonscription communale. Ses habitants, aux termes de la jurisprudence, continueront à bénéficier de l'Esplèche comme s'ils étaient demeurés habitants d'Arles et la nouvelle commune aurait le droit de s'attribuer les taxes d'esplèche payées par eux et même d'en élever ou abaisser le quantum ou de les supprimer tout-à-fait. En un mot elle aurait des droits identiques à ceux de la commune mère et celle-ci ne pourrait se passer de son concours dans les questions de cantonnement ou de rachat.

(1) Dalloz : codes annotés, V° Droit communal 54, 56, 68. — D. Rép. V· Commune 1752, 1818. D. C. forestier annoté, art. 105, 242, 243.— Nancy, 18 avril 1862. — Req. 13 mai 1828.

J'admets cependant que dans tous les cas où une division d'intérêt serait possible, en vertu des principes déjà posés, chacune des deux communes pourrait agir séparément. Ainsi, à propos de rachat par exemple, je considérerais comme possible et parfaitement juridique la situation d'un héritage grevé seulement au profit de l'une des deux communes par suite de son rachat vis-à-vis de l'autre.

Mais si cette division d'intérêts est possible dans certains cas, nous ne saurions l'admettre lorsque l'indivisibilité de la servitude serait en jeu ; ainsi nous estimons qu'en matière de prescription par le non-usage, le fait d'un habitant de St-Louis du Rhône serait interruptif en faveur des habitants d'Arles et *vice versâ*. Nous pensons aussi qu'en matière de rachat, l'indivisibilité de la servitude grevant le bloc primitif, tel que nous l'avons défini, pourrait être invoquée par l'une ou l'autre des deux communes agissant séparément, car il ne saurait dépendre d'un co-propriétaire de priver d'un droit acquis son co-ayant-droit.

CHAPITRE X

DES ACTIONS QUE PEUT FAIRE NAITRE L'EXERCICE DU DROIT D'ESPLÈCHE

§ 1. Dans l'examen des actions que peut faire naître l'exercice de l'Esplèche, on rencontre tout d'abord l'*action pétitoire*.

L'Esplèche est, nous l'avons vu, une propriété communale, c'est donc à la commune seule qu'appartiendra
l'exercice de cette action, et non aux habitants. Par
l'action pétitoire, la commune agira pour recouvrer ou
pour obtenir la reconnaissance du droit de ses habitants,
qu'un propriétaire aurait méconnu ou violé. C'est ce qui
s'est passé lors des procès Bellon en 1841, et Lurin
en 1857.

L'action étant immobilière, le tribunal compétent pour
en connaître sera celui de la situation des lieux (Le
tribunal civil de Tarascon).

§ 2. L'Esplèche peut aussi donner lieu aux actions
possessoires, en cas de trouble dans l'exercice de ce
droit.

Il en serait autrement s'il s'agissait simplement d'une
vaine pâture coutumière, droit essentiellement précaire
et non susceptible d'une véritable possession, « tolérance
obligatoire plutôt que servitude », suivant les expressions du rapporteur de la loi de 1889. Nous savons,
d'ailleurs, que les servitudes discontinues elles-mêmes
ne peuvent être l'objet d'une possession proprement dite,
à cause de l'idée de précarité qui s'y attache ; le législateur présume, en effet, qu'elles sont nées d'une pure
tolérance de bon voisin ou qu'elles se sont établies par
une sorte de clandestinité, sans que l'on ait pris garde à
leur existence. Comme le dit la Cour de Cassation :
« Il est impossible de revendiquer par l'action possessoire
ce qui ne peut être acquis par la possession. » Mais cette

précarité de la possession cessera si le possesseur invoque un titre émanant du propriétaire du fonds grevé (1).

C'est le cas du droit d'esplèche, droit de vaine pâture à titre particulier, servitude discontinue, si l'on veut, mais susceptible d'une véritable possession réunissant les caractères visés en l'art. 2229 du Code civil. Nous avons établi, en effet, qu'il a été constitué par titre, ou par un usage immémorial équivalent. L'habitant d'Arles, troublé dans l'exercice du droit d'esplèche, aura donc l'action en complainte ; cette action lui compétera personnellement, si le trouble ne porte point sur l'exercice même du droit, mais uniquement sur l'aptitude ou l'habileté juridique de celui qui prétend l'exercer : Si, par exemple, on conteste à l'usager la qualité d'habitant d'Arles, ou si l'on prétend que le troupeau qu'il conduit appartient à un étranger dont il n'est que le préposé. Mais si, abstraction faite de la personnalité de l'usager et quelle qu'elle soit, le trouble se traduit par une atteinte portée au libre exercice de l'Esplèche, c'est la commune seule qui a qualité pour engager l'action.

En pareille matière, c'est encore la situation des lieux litigieux qui détermine la compétence : Ce sera, dans l'espèce, le tribunal de paix du canton Est d'Arles.

§ 3. La vaine pâture peut donner naissance à des actes délictueux et par voie de conséquence à des actions

---

(1) Cass. 2 juin 1872. D. 72. 1. 123. — 23 avril 1872. D. 74. 1. 155.

pénales ; elle peut mettre en mouvement l'action publique et l'action civile en dommages-intérêts.

Les délits et contraventions en matière de dépaissance sont prévus et punis par la loi de 1791 et par l'art. 479 du Code pénal.

L'art. 26 de la loi de 1791 prévoit le délit de *garde à vue* (ou à *bâton planté*, pour employer l'expression locale). Ce délit consiste à garder à vue un troupeau sur un terrain appartenant à autrui et chargé de récolte. Il est puni d'un emprisonnement qui ne peut excéder une année et d'une amende égale au dommage ; le délinquant peut aussi être condamné à des réparations civiles. L'application de la peine de l'emprisonnement dépend des circonstances et est facultative pour le juge.

Il faut rapprocher de cet article le § 10 de l'art. 479 du Code pénal, qui punit d'une amende de 1 à 15 fr. ceux qui mèneront leurs bestiaux sur le terrain d'autrui. Cet article n'a pas abrogé la disposition précitée de la loi de 1791, elle prévoit seulement un cas différent. Si l'on s'en tenait seulement à l'examen des deux textes, on pourrait croire que le premier réprime la *garde à vue* et que le second ne vise que la conduite d'un troupeau sur le bien d'autrui ; si telle était l'interprétation qu'il fallût donner à ces deux articles, il faudrait dire que la *conduite* d'un troupeau sur le bien d'autrui constitue la contravention de l'art. 479 du Code pénal, et la *garde à vue* constitue le délit de la loi de 1791. Mais la jurisprudence n'a pas admis cette distinction ; elle estime que dans l'un

et l'autre cas, l'intention délictueuse, *l'animus delin-*
quendi, est à peu près la même et qu'il y a disproportion
dans les deux pénalités. Elle décide donc qu'il n'y a pas
lieu de distinguer entre les faits de conduite ou de garde
à vue et qu'il faut s'attacher seulement à la question de
savoir si ce terrain d'autrui était ou non chargé de
récoltes. La présence d'une récolte donne au fait le
caractère de délit et le rend passible des peines portées
dans l'art. 26 de la loi de 1791. En l'absence d'une
récolte, le fait ne constitue plus qu'une contravention
prévue et réprimée par l'art. 479, § 10 du Code pénal (1).
Cette interprétation n'est peut-être pas très juridique,
mais elle est assurément très rationnelle.

Le fait de laisser des bestiaux à *l'abandon* est puni par
les art. 3, 4, 12, 18 du titre II de la loi de 1791 (2) ; mais
pour qu'il soit punissable, il faut que ces bestiaux aient
pénétré sur le bien d'autrui et causé un dommage. La
peine encourue est celle fixée par la loi du 24 thermidor
an IV : trois journées de travail et trois jours d'emprisonnement au moins (remarquons, en passant, que ce
minimum est en même temps un maximum). La peine
est doublée dans les cas suivants : 1° S'il y a récidive ;
2° Si l'abandon a eu lieu de nuit, c'est-à-dire avant le
lever ou après le coucher du soleil.

L'art. 18 de la loi de 1791 est relatif à l'abandon des

---

(1) Cass. 9 mai 1840, S. 40. 1. 552. — 6 janvier 1842, S. 42. 1. 867. —
22 mars 1858, D. 58. 1. 125. — 13 avril 1855, D. 55. 1. 271.
(2) Cass. 28 août 1879, S. 80. 1. 192.

chèvres. La jurisprudence de la Cour de cassation en a étendu l'application à l'abandon de tous autres animaux (1). Dans ce cas, la peine est de trois journées de travail par tête d'animal abandonné; cette amende est portée au double s'il y a eu dommage à des haies vives ou à des arbres fruitiers.

La loi du 4 avril 1889 déclare que tout animal abandonné causant du dommage peut être saisi.

Les règlements et arrêtés municipaux peuvent créer d'autres contraventions qui seront examinées en temps et lieu.

Faisons à notre droit d'esplèche l'application de ces diverses dispositions pénales.

Nous avons dit que l'étranger est exclu du bénéfice de l'Esplèche; s'il prétend user de ce droit et conduit son troupeau sur un terrain grevé, il se rend passible des mêmes peines que s'il s'était introduit sur un terrain non grevé. Ce sera donc, suivant le cas, l'article 26 de la loi de 1791 ou 479 du Code pénal qui devra lui être appliqué. Même solution pour l'habitant d'Arles qui introduira son troupeau sur un terrain grevé avant la mi-Carême ou après la Saint-Michel, c'est-à-dire en dehors de la saison d'esplèche. On pourra se demander si les coussous de la Crau, qui sont incultes, peuvent être assimilés à des terrains chargés de récoltes. La Cour de cassation (2) l'a décidé virtuellement.

(1) Cass. 28 avril 1865, D. 65. 1. 195.
(2) Cass., 6 mai 1887, D., Rép., v· Contravention, n· 287.

Dans le cas d'abandon de bestiaux, le droit d'esplèche est indifférent et ne change rien à la situation.

Il est de principe que les règlements municipaux antérieurs à 1789 sont encore en vigueur pour toutes leurs dispositions qui n'ont pas été abrogées, formellement ou virtuellement, par les lois nouvelles. Nous avons eu l'occasion de parler du règlement élaboré par la municipalité d'Arles en 1759 et qui fait encore autorité. Ce règlement interdit la vaine pâture dans les terrains complantés contiguëment en vignes, amandiers ou mûriers, ainsi que dans les parcelles dont la récolte a été enlevée depuis moins de huit jours. Quelle est la sanction qu'il faut appliquer à l'inobservation de cette défense ? Est-ce l'article 471 § 15 du Code pénal ? ou bien l'article 479 § 10, ou bien encore l'article 26 de la loi de 1791 ?

Nous estimons que le réglement municipal de 1759 présente un caractère tout particulier : c'est moins une mesure de police qu'une déclaration officielle du droit de la commune sur les héritages grevés, une sorte d'interprétation *ne varientur* du sens et de la portée des réserves introduites dans les actes d'aliénation. Peu importe que ce soit là une interprétation nouvelle, contraire à l'interprétation antérieure. La commune avait le droit de modifier son interprétation devant les observations et protestations des propriétaires assujettis ; elle avait le droit d'imposer cette interprétation nouvelle aux habitants d'Arles qui ne jouissent, en somme, de l'Esplèche que pour compte de la commune. Ainsi donc, l'habitant qui s'écarterait de cette interprétation et conduirait son troupeau sur un terrain déclaré défendu par le règlement précité devrait être assimilé à celui qui s'introduirait sur un terrain non grevé de l'Esplèche.

S'il s'agissait d'un règlement de police administrative, il est hors de doute que ce serait l'article 471 § 15 du Code pénal qui serait applicable à l'infraction.

La loi de 1791 est muette sur les circonstances atténuantes; on ne peut donc appliquer aux pénalités qu'elle édicte, l'atténuation de l'article 463 du Code pénal.

Les délits ou contraventions prévus par cette loi (1) se prescrivent par le délai d'un mois (art. 8). Ceux prévus et réprimés par le Code pénal ne se prescrivent que par trois ans (si c'est un délit) ou par un an (si c'est une contravention).

Indiquons, en terminant, que le fait de traverser avec un troupeau un terrain chargé de récoltes pour aller *esplécher* sur un terrain enclavé ne constitue pas un délit et ne donne ouverture qu'à une action en dommages-intérêts (2) de la part du propriétaire du fonds ainsi traversé.

A côté de l'action publique, dont nous venons d'examiner les diverses applications, se place l'action civile dont le but et l'objet sont la réparation du préjudice causé.

(1) Cass., 9 janvier 1878. D.81.5.116.
(2) Cass., 22 novembre 1879, S.1880.1.231.

L'action civile appartient, suivant le cas : 1° à la commune ; 2° au propriétaire du fonds assujetti.

L'action en dommages-intérêts peut s'exercer indépendamment et séparément de l'action publique; elle est subordonnée à l'existence d'un fait dommageable et illicite.

Il serait difficile de prévoir tous les cas qui peuvent lui donner lieu ; nous nous bornerons donc à citer quelques exemples :

Un étranger, sous prétexte d'esplèche, introduit son troupeau dans un fonds grevé ; ce fait illicite peut donner naissance à une double action civile, savoir : 1° de la part de la commnne ; 2° de la part du propriétaire du fonds. Remarquons toutefois que l'action de ce dernier n'aura pas le même fondement que l'action de la commune : elle dérivera du droit de propriété du fonds qui, au regard de l'étranger, est libre de toute servitude.— Un habitant d'Arles introduit son troupeau dans un fonds grevé en un temps autre que la saison de l'Esplèche : le propriétaire du fonds pourra l'actionner en vertu de son droit de propriété, la servitude n'existant plus en dehors du temps de l'Esplèche ; mais nous ne croyons pas que la commune en ce cas pût de son côté actionner le contrevenant. On n'entrevoit pas en effet, dans ce cas, quel est le préjudice dont elle pourrait se plaindre.

Un habitant aurait usé de l'Esplèche sans acquitter la taxe, ou aurait introduit sur l'héritage assujetti un nombre de bêtes supérieur à celui fixé par sa carte d'Esplèche. Le propriétaire du fonds serait sans action vis-à-vis le contrevenant: la taxe n'a pas été établie à son profit et il ne saurait prétendre que le fait illicite lui a été dommageable. La commune seule a été lésée ; à elle seule appartiendrait par conséquent l'action civile. Mais elle y a renoncé virtuellement par délibérations du conseil municipal en date des 30 janvier 1859 et 20 novembre 1865, dûment approuvées par l'autorité préfectorale, et qui fixent l'indemnité à elle due en pareil cas : la taxe impayée est due au double. Ce règlement municipal dûment revêtu de la sanction légale s'imposera à la commune elle-même tant qu'il n'aura pas été régulièrement abrogé dans les formes prescrites par la loi.

Il nous reste à étudier une dernière question qui ne se rattache, il est vrai, qu'indirectement à celles que nous venons d'examiner, mais qui cependant doit trouver place ici puisqu'elle a trait à une action relative au droit d'esplèche.

Il peut arriver que la commune délivre par mégarde à des étrangers des cartes d'esplèche ; quel serait en ce cas le droit du propriétaire grevé ?

Il nous parait hors de doute que le propriétaire assujetti chez qui l'étranger aurait conduit son troupeau pourrait actionner à la fois l'étranger et la commune. La carte d'esplèche ne saurait créer en effet aucun droit contre lui ; elle pourrait seulement, et suivant le cas, donner à l'étranger de bonne foi un droit de recours contre la commune. Celle-ci aurait encouru vis-à-vis le propriétaire grevé la responsabilité de l'acte abusif qui aurait été commis, puisqu'elle aurait introduit l'étranger dans un héritage qui lui était interdit. L'étranger serait condamné comme auteur direct du dommage et la commune comme civilement responsable.

CHAPITRE XI

MODIFICATIONS APPORTÉES PAR LE CODE FORESTIER
AU PATURAGE DANS LES BOIS DE LA CRAU

Le code forestier est venu apporter des restrictions considérables aux droits de pâturage dans les bois. Mais ici nous avons une question primordiale à résoudre : les bois de la Crau sont-ils soumis au régime forestier ? On a prétendu que non. On a dit que les bois de la Crau ne sont que des prés-bois et qu'ils échappent, par conséquent, aux prescriptions du code des forêts.

La question s'est présentée devant le tribunal de Tarascon, qui, par jugement du 9 août 1864, a condamné à 996 fr. d'amende un éleveur qui avait conduit dans un bois de Crau un millier de bêtes à laine sans se conformer aux règlements forestiers. Le fonds sur lequel l'infraction avait été commise ne présentait aucun caractère spécial et ne différait en rien des autres bois de la Crau : c'est ce qui ressort nettement des circonstances de la cause et du rapport de l'expert que le tribunal avait nommé pour éclairer le débat. Notons en passant que cet expert était un garde général des forêts.

Il est donc juridiquement établi que les bois de Crau sont soumis au régime forestier.

Ce qu'on appelle un pré-bois, c'est un pâturage parsemé de bouquets d'arbres, dont la seule utilité consiste à maintenir sous leur ombre un certain degré de fraîcheur et à protéger l'herbe contre l'ardeur du soleil qui pourrait la dessécher. Ce qui distingue le bois du pré-bois, c'est que les arbres en constituent le principal produit ; dans le pré-bois, au contraire, c'est le pâturage qui forme le principal revenu du fonds.

Dans les bois de Crau, ce sont les produits ligneux qui prédominent. A la vérité, ces arbres n'atteignent jamais un grand développement, leur croissance est lente, leur taille médiocre, mais ils sont vigoureux, touffus et leurs rejetons présentent une très grande résistance. L'herbe qui pousse à leur pied est rare et chétive, beaucoup plus rare que dans les coussous non boisés. En somme, si les produits ligneux des bois de la Crau sont peu estimés, la valeur du pâturage y est encore moindre.

Au point de vue de l'Esplèche, on ne faisait autrefois aucune différence entre les bois et les coussous non boisés, l'ordonnance forestière de 1669 n'y avait jamais été appliquée. Mais la législation actuelle a apporté des restrictions considérables au droit des habitants.

La première modification restrictive résulte de l'article 78 du Code forestier (que l'article 120 du même Code déclare applicable aux bois des particuliers). Cet article

78 est ainsi conçu : « Il est défendu à tous usagers, nonobstant titres et possessions contraires, de conduire ou faire conduire des chèvres, brebis ou moutons dans les forêts ou sur les terrains qui en dépendent, à peine contre les propriétaires d'une amende qui sera double de celle prononcée par l'article 199, et contre les bergers de 15 francs d'amende. En cas de récidive, le pâtre sera condamné, outre l'amende, à un emprisonnement de 5 à 15 jours. Ceux qui prétendraient avoir joui du pacage ci-dessus en vertu de titres valables ou d'une possession équivalente à titre, pourront, s'il y a lieu, réclamer une indemnité qui sera réglée de gré à gré ou en cas de contestation par les tribunaux. Le pacage des moutons pourra néanmoins être autorisé dans certaines localités par des ordonnances du roi. »

Ce texte a des conséquences très graves au point de vue de l'Esplèche. Ce droit de pâturage a été réservé surtout en faveur des bêtes à laine, et les bêtes à laine ne peuvent plus dépaître dans les bois de Crau. L'interdiction est d'ordre public et il a été jugé que le propriétaire du bois lui-même n'était pas libre d'y renoncer et d'autoriser ou même simplement de tolérer la dépaissance pour se soustraire à l'obligation d'indemniser les usagers (1). La suppression de l'Esplèche dans les bois doit s'effectuer nonobstant titres ou possession contraires. Ainsi l'a décidé le législateur. Mais l'usager dépossédé par l'article 78 peut exiger une indemnité : la

_____

(1) Aix, 18 juillet 1864. — D. 66.1.296.

commune d'Arles est-elle dans ce cas et peut-elle réclamer aux propriétaires des bois ainsi dégrevés l'indemnité prévue au paragraphe 3 de l'article précité?

— L'ordonnance d'août 1669 avait prohibé l'introduction des bêtes à laine dans les forêts, mais nous savons qu'elle n'a jamais été mise en exécution dans le territoire d'Arles. D'autre part, un arrêt de la Cour suprême (1) a décidé que l'indemnité de l'article 78 est due partout où la dépaissance dans les bois était autorisée au moment de la promulgation du Code forestier. Il résulte de là qu'en 1827 la commune était fondée à exiger une indemnité pour la dépossession qui venait l'atteindre. Elle ne paraît pas avoir profité de cette faculté. Il est possible que les propriétaires des bois à cette époque aient tacitement renoncé, pour le moment du moins, à se prévaloir d'une loi qui les exposait à l'éventualité toujours redoutable d'un procès avec la commune armée du droit à l'indemnité. Ce qui rend cette supposition très vraisemblable, c'est que je n'ai pu trouver trace d'une poursuite exercée par ces propriétaires en vertu de l'article 78 et Dieu sait, cependant, si ces propriétaires se sont privés de réclamer devant les tribunaux la rigoureuse application des autres articles du même Code !

Ce qu'elle n'a pas demandé en 1827, la commune pourrait-elle le demander aujourd'hui ?

Je ne le pense pas. Un droit à indemnité est prescrip-

---

(1) Req., 12 juin 1866. — D. 66.1.296.

tible par 30 ans et, selon toute apparence, à la date où nous sommes, la prescription est acquise.

Le Code forestier n'interdit l'accès des bois qu'aux bêtes à laine (1). L'usage de l'Esplèche y est donc maintenu pour les bêtes bovines et *rossatines*, sous certaines précautions édictées par les règlements forestiers.

C'est ainsi que ces animaux devront, en entrant dans les bois, être munis chacun d'une clochette (amende de 2 fr. par bête en cas de contravention); ils devront suivre les sentiers indiqués par les propriétaires du fonds (amende de 3 fr. à 30 fr. pour chaque troupeau en cas d'infraction et emprisonnement de 5 à 15 jours si c'est en récidive); enfin, ils ne pourront être conduits qu'en *troupeau commun*, c'est-à-dire réunis en un seul troupeau, quel que soit le nombre des propriétaires du bétail.

Mais la restriction la plus importante est celle édictée par l'art. 70 ainsi conçu : « Les usagers ne pourront jouir de leur droit de pâturage et de panage que pour les bestiaux à leur propre usage et non pour ceux dont ils font commerce, à peine d'une amende double de celle qui est prononcée par l'art. 199. » (2).

Après avoir exclu les bêtes à laine, le code des forêts exclut le bétail dont on fait trafic. Que faut-il entendre par là ? Les taureaux sauvages qu'on loue pour les

(1) Bourges, 1er juin 1856. — D. 57.2.120.
(2) Bourges, 1er juin 1856, D. 57. 2. 120.

courses et qu'on engraisse ensuite pour la basse bou-
cherie entrent évidemment dans cette catégorie. Il n'y
a donc que les taureaux de trait ou de labour qui puissent être menés à l'Esplèche dans les bois. Quant aux
chevaux Camargues, ils ne sont guère employés aux
labours, mais ils servent encore comme bêtes de selle ou
de trait et, sur certains petits domaines, on continue à
utiliser leurs services pour le dépiquage des grains. Nous
pensons que dans ces conditions les chevaux Camargues
bénéficient encore de l'Esplèche dans les bois ; mais c'est
là, évidemment, le petit nombre. Quant à ceux dont les
éleveurs font trafic, ils sont évidemment exclus.

Les art. 70 et 78 du Code forestier rendent presque
illusoire l'usage de l'Esplèche dans les bois. Et cependant, ces restrictions n'ont point paru suffisantes à la
prudence ombrageuse du législateur : l'usager voit
encore se dresser devant lui deux redoutables obstacles :
la défensabilité et la possibilité.

L'administration forestière détermine l'âge à partir
duquel le bois sera accessible aux troupeaux et la saison
pendant laquelle pourra s'exercer la dépaissance ; hors
de là, le bois est défendu (c'est ce qu'on appelle la défensabilité).

L'administration limite aussi le nombre des bestiaux
que l'on peut conduire à la dépaissance (c'est ce qu'on
nomme la possibilité).

En vérité, l'administration ne prononce jamais d'office
sur ces questions de possibilité et de défensabilité ; elle

n'interpose sa réglementation que sur la demande du propriétaire du bois ou de l'usager ; mais il est bien certain que dans ce conflit d'intérêts, ce sera trop souvent le droit d'esplèche qui paiera les frais de la guerre. L'administration voudra, naturellement, protéger le bois durant la saison chaude : nouvelle entrave au droit des habitants d'Arles.

Qu'en restera-t-il après tant d'éliminations ? Le Code forestier, art. 64, admet l'action en rachat ; son silence intentionnel exclut l'action en cantonnement. Ici, encore, la commune peut exciper de l'indivisibilité de son droit dans les termes et conditions rapportées plus haut.

Les délits forestiers commis en matière de dépaissance sont prescriptibles par six mois si le délinquant est inconnu, par trois mois s'il est désigné dans le procès-verbal; le délai court du jour de la clôture de ce procès-verbal. Si le délit est de ceux prévus par le Code pénal, au lieu du Code forestier, c'est la prescription pénale ordinaire qui est applicable. En somme, le Code forestier est venu abolir presque entièrement le droit d'esplèche dans les bois de la Crau. Les Arlésiens ne peuvent plus, désormais, conduire dans ces bois ni bêtes à laine, ni chèvres, ni aucun bétail destiné au commerce ; c'est l'interdiction presque générale des bois de Crau pour tous les animaux qui pouvaient, jadis, profiter de l'Esplèche. Profiteront seuls de cette faculté les fermiers voisins qui pourront y mener, sous la menace constante des nombreuses pénalités forestières, quelques rares

bêtes de trait ou de labour — et les bergers des environs
qui pourront y conduire leurs ânes, à condition de garder
de près ces animaux..... généralement peu dociles,
comme l'observe M. de Buffon.

TROISIÈME PARTIE
Droit de Bûcherage

Nous avons dit que le droit d'esplèche est à la fois un droit de pâturage et un droit de bûcherage (ou *ligne-rage*, comme on lit dans quelques vieux titres ; les deux mots sont synonimes, bien que ce dernier me paraisse mieux s'appliquer au menu bois de chauffage).

« Aïns sera permis aux habitants d'Arles de *faire bois* et mener dépaître dans ledit *carton* de la mi-Carème à la Saint-Michel. » Ainsi s'expriment les actes d'aliénation des coussous en 1640.

Accessoire en quelque sorte indispensable du droit de pâturage, ce bûcherage n'avait d'autre but que de permettre aux bergers de se procurer avec plus de facilité le bois dont ils avaient besoin. Il n'avait donc qu'une importance très restreinte et c'est à cause de cela, sans nul doute, que l'on trouve si peu de textes anciens qui le concernent. Je n'ai pu trouver aux archives communales aucun document judiciaire ou administratif qui s'occupe de lui d'une manière spéciale.

Il ne faudrait pas croire cependant que le droit de bûcherage ne soit qu'une modalité du droit d'esplèche ; il n'a jamais été considéré comme tel, et la preuve, c'est qu'on a toujours pu l'exercer séparément et qu'il échappe à la taxe municipale qui frappe l'exercice du droit de pâturage : nombre de gens vont bûcherer qui ne possèdent aucun troupeau ; est-ce en vertu d'un droit ou d'une simple tolérance? Je crois qu'en droit strict, il ne faut voir dans ce fait qu'une pure tolérance facilement explicable par l'absence d'un préjudice sérieux ; mais c'est évidemment contraire à l'esprit et au but des réserves insérées dans les actes de 1640.

Le droit de bûcherage, s'il n'avait pas été détourné de son véritable but, n'appartiendrait qu'aux pâtres qui mènent leurs troupeaux à l'Esplèche.

Toutefois, ce droit de bûcherage constitue une servitude spéciale et distincte, distincte par la pratique (nous venons de le voir) et distincte par son assiette, puisqu'il ne peut porter que sur des coussous boisés ou des bois. On peut dire que le droit d'*esplèche-pâturage* et le droit d'*esplèche-bûcherage* constituent deux servitudes ayant leurs caractères distinctifs, mais réunies sous la même dénomination juridique.

La conséquence la plus importante de la distinction que nous venons d'établir est de rendre possible le rachat séparé de l'une ou de l'autre de ces servitudes. Même solution pour le cantonnement ; mais ici encore nous retrouvons l'indivisibilité du bloc primitif dont peut exciper la commune, c'est-à-dire que, soit par cantonnement, soit par rachat, on ne pourra affranchir séparément des parcelles comprises dans le même acte d'aliénation.

Quelles sont les conditions auxquelles est soumis l'exercice du bûcherage ?

On sait déjà qu'il n'est ouvert que de la mi-Carême à la Saint-Michel et que, isolément, il n'est soumis à aucune taxe.

Les usages locaux le limitent à la charge d'un âne ou d'un mulet non attelé. De plus, il ne peut porter que sur le bois mort et sur le bois bas. C'est une conséquence du principe que l'usager doit jouir en bon père de famille ; il suit de là que l'aménagement observé par le propriétaire doit être respecté.

Les bois de Crau sont aménagés de la manière suivante : les chênes kermès qui les composent sont des arbres bas qui poussent par touffes ; on n'en laisse croître que quelques tiges destinées à devenir des arbres, les autres rejetons sont taillés toutes les années. Les habitants d'Arles n'ont droit de couper que ces rejetons qui brûlent très bien même encore verts.

Ces principes ont été consacrés par des décisions de jurisprudence qui font aujourd'hui autorité.

En 1884, des habitants de Raphèle et de Moulès s'étaient crus autorisés par le droit d'esplèche à mettre en coupe réglée les bois de Cottenove et de Capeau et avaient chargé du bois ainsi amassé des charrettes à deux colliers ; ils furent poursuivis et condamnés : « Attendu, dit le jugement, que la tradition veut que ce droit ne s'exerce qu'à dos d'âne ou de mulet et qu'il ne peut porter que sur le bois mort et sur le bois bas » (Tribunal de paix d'Arles-Est, 14 juin 1884, affaire Vve de Grélury contre divers).

Le Code forestier a restreint considérablement l'étendue et l'exercice du droit de bûcherage ; ce droit, jadis à peu près sans limites, ne peut plus s'exercer aujourd'hui que suivant la *possibilité* du bois (nous avons fait connaître le sens de ce terme de droit forestier et nous avons dit, aussi par qui et dans quelles conditions cette possibilité est déterminée ; nous croyons inutile d'y revenir).

En vérité, l'art. 119 du Code forestier, en parlant des droits d'usage soumis à cette condition de possibilité, ne mentionne pas formellement les *usages en bois ;* mais il est admis en jurisprudence forestière qu'un droit d'usage ne saurait excéder la possibilité du bois qu'il grève.

L'art. 83 du même Code punit les usagers qui vendraient ou échangeraient le bois provenant de l'exercice d'un droit d'usage. Des habitants d'Arles ont été condamnés pour avoir vendu du bois *d'esplèche* à des boulangers. Ce n'est là, d'ailleurs, qu'une application de la règle qui interdit de faire d'un droit d'usage un trafic. L'usager ne peut ramasser du bois que pour ses besoins personnels et non pour les besoins d'un commerce ou d'une industrie : un boulanger, par exemple, ne pourrait bûcherer pour son four.

Comme le droit de pâturage, l'Esplèche-bûcherage peut donner lieu à l'action publique et à l'action civile. Les art. 149 du Code forestier et 478 du Code pénal attribuent compétence, en cette matière, au tribunal correctionnel.

Les infractions au régime forestier, en matière de

bûcherage, sont réprimées par l'art. 192 du Code forestier ; les peines varient suivant l'âge, l'essence et la grosseur des arbres coupés.

Ces peines seraient applicables aux étrangers qui prétendraient exercer l'Esplèche-bûcherage en dépit de l'exclusion qui les frappe ; elles atteindraient aussi l'habitant d'Arles qui irait exercer son droit de bûcherage dans des bois non assujettis à l'Esplèche ou qui commettrait des abus dans un bois assujetti.

C'est ainsi que le Tribunal correctionnel de Tarascon, sur les poursuites intentées par la Compagnie agricole de la Crau, a condamné à des peines et des réparations pécuniaires plusieurs habitants d'Arles qui s'étaient permis, sous prétexte de leur droit de bûcherage, de couper et emporter des arbres de trois mètres de haut et de quarante centimètres de circonférence.

L'art. 149 du Code forestier contient une disposition spéciale qui vise également les usagers de l'Esplèche : en cas d'incendie du bois assujetti, les usagers peuvent être requis de prêter secours. Le refus d'obtempérer à la réquisition est puni de la privation du droit d'usage pendant un laps de temps qui est d'un à cinq ans, sans préjudice de l'application toujours possible de l'art. 475 du Code pénal.

En ce qui concerne l'action civile naissant des délits relatifs au bûcherage, nous ne pouvons que nous en référer à ce que nous avons dit pour l'Esplèche-pâturage : les principes sont les mêmes.

L'Esplèche, droit de bûcherage, s'éteint par les mêmes moyens que le droit de vaine pâture. Est-elle susceptible de revivre par disparition de la cause qui l'avait fait naître ? La question peut se poser aussi bien pour le droit de dépaissance que pour le droit de bûcherage :

1re hypothèse. — Un propriétaire défriche et laboure son fonds ; il jette des semences en terre, puis, mécontent du résultat obtenu, il renonce à cultiver sa terre et la laisse revenir à l'état inculte. Le droit de dépaissance revivra-t-il avec le retour à l'état ancien ? Nous avons résolu virtuellement cette question en examinant le règlement ne 1759, qui dit formellement que le droit d'esplèche renaît huit jours, après l'enlèvement de la récolte. Mais supposons qu'il s'agisse d'une plantation de vignes, laquelle ne permet plus l'exercice de l'Esplèche en aucun temps de l'année, que faudra-t-il décider ? Nous croyons qu'il faut faire une distinction : Si la vigne périt et si le sol revient à l'état inculte, nous pensons que le droit d'esplèche renaîtra, à moins que 30 années de non-usage ne l'aient définitivement éteint. La solution se traduit donc par cette formule : le fonds assujetti n'est définitivement exonéré que par un mode de culture abolitif de l'Esplèche et maintenu pendant plus de 30 ans.

2° Hypothèse : Le propriétaire d'un coussou a, par des plantations contiguës, transformé son fonds en un véritable bois ; il est hors de doute que ce bois, qui n'est pas le produit de la nature sauvage, échappe au droit de bûcherage. Mais, si un incendie vient à le consumer ou si le propriétaire le détruit, que faudra t-il décider? La solution sera la même que dans la précédente hypothése; le droit de pâturage revivra sur le sol redevenu inculte, si la prescription libératoire par le non-usage pendant 30 ans n'a pas eu le temps de s'accomplir.

APPENDICE

Influence du droit d'esplèche
sur certains contrats

En principe, les fonds soumis à l'Esplèche sont grevés à perpétuité. Nous avons vu par quels moyens et à quelles conditions il est cependant possible de les affranchir.

Comme toutes les charges réelles, la servitude suit le fonds servant à travers toutes les mutations qui peuvent le faire changer de maître. Le nouveau propriétaire doit la subir lors même que le vendeur lui en aurait caché l'existence. *Nemo ad alium plus juris transferre potest quàm ipse habet.* Il pourrait seulement puiser dans cette réticence volontaire ou involontaire le droit à un recours contre le vendeur.

La situation est la même pour le fermier du fonds que pour l'acheteur, sauf qu'il ne pourra, durant la saison d'esplèche, conduire son troupeau sur le fonds grevé que s'il est habitant d'Arles. Nous avons vu, en effet, que les pâturages d'*esplèche* ne peuvent être l'objet d'un bail à des étrangers. Les articles 1709 et 1727 du Code civil assurent d'ailleurs au fermier un recours en indemnité contre le propriétaire qui lui aurait caché cette situation.

L'usufruitier du fonds grevé est également tenu de subir la servitude et il n'a de recours contre son auteur que si son droit d'usufruit a été constitué à titre onéreux. Les actes de pure libéralité ne donnent pas ouverture à un recours en garantie contre le donateur : *Donator de evictione non tenetur !*

CONCLUSION

Le droit d'esplèche, tel qu'on l'exerce aujourd'hui, présente peu d'inconvénients ; il offre en compensation un grand avantage. Il ne mérite aucun des reproches qui s'adressent en général aux droits de vaine pâture : il s'arrête respectueusement devant toute culture, il ne porte que sur les produits naturels du sol et, s'il prive le propriétaire d'une partie de ses droits pendant la moitié de l'année, il ne le prive, en réalité, que de produits de faible valeur. En retour, il est d'un précieux secours pour l'industrie pastorale, principalement pour les petits éleveurs, à qui il permet de nourrir leur bétail presque pour rien pendant toute la saison estivale.

Aussi faisons-nous des vœux pour le maintien de ce droit.

Nous ne croyons pas, d'ailleurs, qu'il soit près de s'éteindre. Les lois nouvelles et les facultés de rachat et de cantonnement accordées aux propriétaires grevés ne sont pas bien redoutables pour lui, grâce à l'exception d'indivisibilité que peut opposer la commune.

Assurément, un budget communal a constamment des vides à remplir ou des brèches à combler ; mais il est permis d'espérer que nos conseils municipaux, fidèles à la tradition, sauront conserver intact ce droit d'usage, dernier débris qui reste à la ville de cet immense domaine communal dont elle était si fière autrefois.

Le seul ennemi sérieux qui finira fatalement, mais dans un avenir encore lointain, par faire disparaître le droit d'esplèche : c'est le défrichement. Mais, quand ce jour aura lui, nos anciens coussous resplendissants au soleil, sous un riche tapis de moissons dorées, de grasses prairies ou de vignes opulentes, ne permettront pas aux habitants d'Arles de regretter le passé.

Vu :

Aix, le 16 juin 1898.

Le Président de la Thèse,

Eugène AUDINET.

Vu : Le Doyen,

A. PISON.

Vu et permis d'imprimer

Aix, le 18 juin 1898.

Le Recteur,

BELIN

TABLE DES MATIÈRES

www.ingramcontent.com/pod-product-compliance
Lightning Source LLC
Chambersburg PA
CBHW071843200326
41519CB00016B/4214